好妈妈与好孩子关键期系列丛书

0～6岁

好妈妈与好孩子的“依恋关键期”

余苗 著

江西科学技术出版社

图书在版编目（CIP）数据

好妈妈与好孩子的“依恋关键期” / 余苗著. —

南昌：江西科学技术出版社, 2014.5

ISBN 978-7-5390-4899-4

Ⅰ. ①好… Ⅱ. ①余… Ⅲ. ①儿童教育—家庭教育 Ⅳ. ①G78

中国版本图书馆CIP数据核字（2013）第284715号

选题序号：KX2013054

图书代码：D13035-101

好妈妈与好孩子的“依恋关键期”

余苗 著

出版发行/江西科学技术出版社

社址/南昌市蓼州街2号附1号

邮编/330009 **电话**/（0791）86623491 86639342（**传真**）

经销/各地新华书店

印刷/北京龙跃印务有限公司

版次/2015年10月第1版 2015年10月第1次印刷

开本/230mm × 165mm 1/16 印张 15

字数/100千字

书号/ISBN 978-7-5390-4899-4

定价/29.80元

赣版权登字-03-2013-194

前　言

亲子依恋是孩子和主要照顾者（一般是妈妈）之间形成的一种特殊的感情关系，是在孩子和父母互动过程中产生的紧密的情绪联系。一般来说，在孩子 12 岁之前，依恋现象一直存在。但 0 ~ 6 岁整个学龄前时期都是依恋关键期存在的时间段。在这段时期内，如果父母有积极的抚养行为和正确的教养方式，孩子会更亲近父母，会对抚养自己的父母产生一种“心理上的依赖关系”，这种含有感情色彩的心理依赖关系会使孩子自觉自愿地接受抚养人在管教和观念方面的影响，并且会把早期形成的依恋关系稳定地延续，不仅为今后理想的亲子关系打下基础，也会影响孩子日后与人交往的能力。

但是，许多年轻的父母往往在手忙脚乱照顾新生宝宝的时候只关注到孩子的身体健康，而忽视了在心理上对孩子的呵护与照顾，认为只要孩子吃饱喝足睡熟就是健康的，没有意识到孩子在学龄前与父母建立的心理联结会对孩子将来的身心发展乃至整个人生产生重大影响。所以，当孩子出现做什么事都要大人陪着、改不掉“吃手”的习惯、动不动就生气、耍赖甚至在青春期叛逆、早恋、离家出走等等问题时，父母还认为孩子“不乖”“不懂事”而把所有的原因都归咎于孩子，没有认识到正是父母自己忽视了在孩子的依恋关键期和子女形成健康的依恋关系，才会导致孩子出现这样那样的“问题”。

对此，本书结合心理学理论，专门针对依恋关键期中孩子的种种表现，帮助父母们了解孩子这些表现背后的“真意”，揣摩孩子的心理需求，敏感对待孩子的各种索爱信号，从而以实际行动让孩子感觉到父母的关爱，逐渐建立安全感，和父母保持健康的依恋关系，使孩子的身心健康成长。

在本书中，作者余苗以亲身的育儿经历和在教学过程中的实际经验，结合心理学相关理论知识，对一些容易被父母忽视的细节性问题进行了具体而详细的说明，并提出可供参考的建议，如孩子会感觉到皮肤饥饿，如何以抚触形式对孩子进行安抚以消除孩子的皮肤饥饿感；如孩子会由于缺乏安全感而出现一些在父母看来像是无理取闹的反复折腾的行为，父母该如何应对；如父母在不经意中的一些言行举止会让孩子建立不安全依恋，父母应当如何避免；如通过哪些带有游戏性质的活动，在吸引孩子注意力的同时使孩子与父母在玩乐中建立良好亲子关系……

全书围绕“依恋”一词较为详尽地把孩子在0～6岁学龄前期间的一些具有典型意义的成长问题作了一定深入浅出的剖析，并提出了一些具体的解决措施或方案，语言轻松幽默又不失专业性，结合诸多真实事例和具体可感的生活场景，为学龄前孩子的父母提供了针对性强并且切实有效的指导建议。

文章中采用了第一人称、第二人称以及第三人称。为了避免每次在“他”后面就加上“（她）”，书中的称谓中普遍使用第三人称“他”。本书中所有内容适用于女孩和男孩。

我们希望父母们能够通过这本书的阅读，结合孩子的特点，积极地把握孩子的依恋关键期，和孩子建立安全的、健康的、密切的、稳固的亲子依恋联结，对孩子的发展和家庭的和谐打下基础。

目　录

宝贝0~6岁情绪-情感发展简表

月龄	情绪-情感发展概况	典型表现
0~2个月	新生儿只需要3天,就可以闻出妈妈的气味,并喜欢妈妈的味道。宝宝认识到,妈妈可以给自己安全感,当妈妈抱起宝宝,宝宝很放松的躺在妈妈怀里。	对妈妈特别依赖,靠妈妈无微不至的照料,需要得到及时满足→安全感→希望→对亲人产生信赖感,反之焦虑,不安和恐惧。
2~6个月	会分辨不同的面部表情并积极反馈,开始自我控制情感表达,能感受和表达三种基本的情感:兴趣、悲痛和厌恶。 自我意识尚未形成,他会吃手、吃脚,把自己的手脚当成和别的东西一样来玩,他还不知道自己身体的存在。	哭叫表示需要通常被拥抱时安静下来,感受和表达快乐,分享社会性微笑。孩子会通过一定的技巧比如吮吸拇指或用橡皮奶头来自我安抚。

月龄	情绪－情感发展概况	典型表现
6～12个月	开始认识到手和脚是自己身体的一部分，自我意识出现。 表现出对被熟悉的人搂抱的偏爱，通过对熟悉的人较多的笑出声和微笑，有选择地表达幸福感。	喜欢妈妈抱，能分辨熟悉和不熟悉的人，显示对陌生人的恐惧。 经常性地反对游戏被打断。 当成功完成一项任务时拍手。
1～2岁	从生理上开始脱离妈妈，渴望独立的空间，希望通过自己的身体行为去自由地感知探索周围的世界，慢慢地开始有了自我的意识，不再是事事都愿意让父母来安排了。 语言的发展也促进了孩子的心理独立，虽然不是很会说，但是已经开始透过语言来理解周围的人了。	随着运动发展，自主能力逐渐增加，比如想自己动手吃饭，东西掉了想自己捡，或用“不”来表示自主性。如果习惯了细心护理的妈妈没有意识到孩子的变化，仍然代替或限制孩子的活动，孩子会更激烈地要求独立，或是在妈妈的限制下对自己的能力产生困惑感。 孩子经常会有情绪失控和发脾气的情况，变得容易受挫，显示出自我意识情感如羞耻、内疚和害羞。

月龄	情绪－情感发展概况	典型表现
2～3岁	具有许多明显的矛盾特点，比如对父母既依赖有渴望独立，既大方又自私，既成熟又幼稚。自我意识显露，对于父母的安排特别抵触，但与父母的双向交流却变得更有趣味性。 分离焦虑增加。 性别意识初步建立。	在对话或游戏中自发地使用情感性词汇，显示出自豪和困窘的情感。 在目标受阻时会发脾气，变得容易被批评伤害。 开始显露挑衅性行为。
3～4岁	将许多不熟悉的图像当做"怪物"，可以将自己看做包括身体、思维和情感在内的完整人。 不能分辨现实与幻觉。经常给无生命的物体赋予生命特性和情感，沉浸于他虚构的影像中，而不能区别什么时候虚幻结束和真实开始回归。	孩子会自发地对他人表达爱，还会安慰悲痛中的人。 主动性增加，当主动行为遭到失败会产生失望和内疚，他特别注意家人对他的评价，骂"笨"会刺伤自尊心，导致生活无指向性和目的性。

月龄	情绪－情感发展概况	典型表现
4～5岁	随着年龄的增长，孩子的内心世界也越来越复杂，喜怒哀乐等比较细腻的情感也逐渐发达，更加敏感，自尊心也更强。 情感不再是只指向自己，已能把自己与别人联系起来，出现了同情感，有了较高级的社会性情感。	常因环境的变化，或一点点小事而冲动起来。情绪容易受到外界影响而变化。情感不断丰富的同时也开始开始变得深刻。
5～6岁	能愉快地接受着周围世界的知识，对接触到的具体物体进行感受、思维，用一些幽默、有趣的语言表达自己的情感和情绪。	能够理解并用语言描述几种基本的情感，学习处理强烈感情的技能，寻求更多地用特别的词语交流情感。 即使情感失控、发脾气，也能够从发脾气中恢复过来。

第1章

你的怀抱是他的心灵安全岛！

抓住孩子的依恋敏感期

依恋是一种寻求与某人的亲密、并当其在场时感觉安全的心理倾向，是一种追寻情感满足的需求状态。心理学研究表明，如果人在生命早期长期没有得到依恋的满足，就容易产生不满足感，从而产生烦躁、敏感、神经质等性格障碍。

【最常见的依恋现象就是哭闹的孩子一旦进入母亲的怀抱就会很快停止哭泣。孩子从母亲温暖舒适的臂弯里获得了安全感，就会出现愉快、轻松的感受。否则，他会烦躁不安。】

一般来说，在孩子 12 岁之前，依恋现象一直存在。依恋现象与孩子的年龄成反比，年龄越小依恋感越重，尤其是 0 ~ 6 岁整个学龄前时期。在这段时期内，如果父母有积极的抚养行为和正确的教养方式，孩子会更亲近父母，会对抚养自己的父母产生一种“心理上的依赖关系”，这种含有感情色彩的心理依赖关系会使孩子自觉自愿地接受抚养人在管教和观念方面的影响，并且会把早期形成的依恋关系稳定地延续，不仅为今后理想的亲子关系打下基础，也会影响孩子日后与人交往的能力。

与父母有良好依恋关系的孩子，他会真切地感受到父母的关爱和信任，会主动与父母保持语言及心灵沟通，会将生活中的波动向父母倾诉，使亲子之间的沟通没有障碍，即使进入青少年期也能以较好的状态迎接

新的变化和挑战，因为他知道，父母是自己坚实的后盾，拥有自己最迷恋的温暖而安全的臂膀。

当孩子逐渐长大，他也会同样与其他人建立这种良好健康的关系，会用父母对待他的方式对待其他人，会显示出更加友好的合作态度，能够受到更多人的欢迎，使自己的生活更为丰富而顺利。

而在早期没有受到父母积极抚养和正确教养的孩子，一般不能和父母建立良好的情感关系，父母的冷漠对待、冷嘲热讽甚至打骂责怪都会让孩子心生怨恨和恐惧，不愿把心事向父母吐露，遇到困难挫折也是一个人默默忍受。一旦他认为自己羽翼渐丰，就会以自己的方式对生活现状做出反抗，于是就出现了顶撞父母、离家出走等叛逆的行为。

人在青少年甚至成年时期出现的很多情感问题，原因可能要追溯到幼年的生活。一般而言，孩子出现诸如逃学、撒谎、网瘾、顶撞父母、离家出走、自杀、打架、抢劫等行为问题或心理问题，很大程度上源于父母对孩子的抚养方式。也就是说，父母与孩子之间的交互状态和关系会直接影响孩子的情感发育，一旦亲子关系陷入僵局或产生隔阂，孩子就会很容易走向负面甚至极端。

【青少年情感问题可追溯至婴幼儿情感经历】

“依恋”，对孩子将来的心理健康和行为都起着不容忽视的作用。如果你没有把握好这个关键期，孩子就会与你逐渐疏远，在心理和个性上逐渐滋生各种问题，等你发现他已经表现出了明显变化时已经悔之晚矣，想要修复亲子关系更是难上加难，甚至终生都不能再走近孩子的内心深处了。

依恋的发展阶段

【从孩子降生之时起，他就在积极地寻找与你保持亲近的需要，积极地通过吸吮、依附等方式来建立对你的依恋。】

【你能够切身地体会到孩子在3岁之前特别“黏人”,经常会以依附、跟随等外显行为表达自己对你的依恋之情。】

【3岁后,孩子进入幼儿园,随着他和你接触机会的相对减少、新环境的不断刺激、他认知范围不断扩大并深化,他的依恋对象和方式才开始发生质的变化而进入新的发展阶段。】

英国精神病学家、心理学家,母爱剥夺实验和依恋理论的创始人鲍尔比(John Bowlby,1907－1990),认为依恋行为是婴儿与生俱来的本能,是婴儿最初的社会性情结,是情感社会化的标志,并将依恋分为4个阶段:无差别的社会反应阶段(0 ~ 3个月),有差别的社会反应阶段(3 ~ 6个月),特殊情感联结阶段(6个月 ~ 3岁):对母亲的依恋。伙伴行为阶段(3岁至儿童期末)。

孩子的依恋之情是一种逐渐发展、逐步成熟并日趋社会化的发展过程。而妈妈在通常情况下总是孩子可以信赖、能够提供安全感的第一“依恋人”。

◎0～3个月，无差别的社会反应阶段

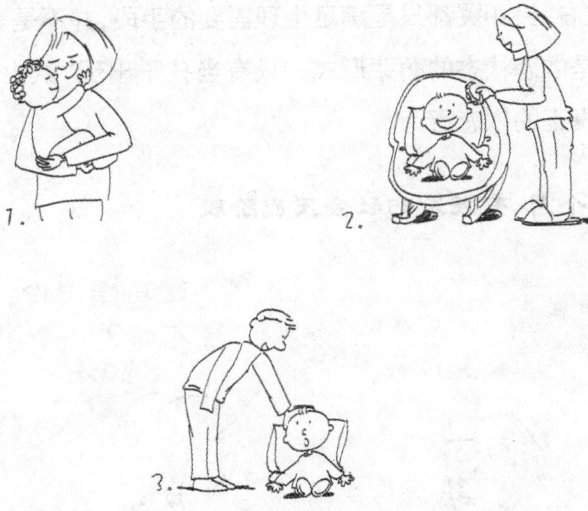

【此时的他，对人反应的最大特点是不加区分、无差别的反应。他喜欢所有的人，喜欢听到所有人的声音。】

在最初的一两个月里，孩子虽然已经能识别出妈妈的气味和声音，但还没有建立起对包括妈妈在内的任何人的安全、牢固的联系，无论是谁照顾他都是“来者不拒”的。他喜欢注视所有人的脸，看到人的脸或听到人的声音都会微笑、手舞足蹈，总体呈现出十分相同的反应方式。只要有人和他接触，比如抱他、和他说话、抚摸他胖乎乎的小手等，都能让他感到高兴而满足。

你会发现他常常面带微笑，好像能够听懂大人们的逗乐一样。其实这种微笑只是他身体内部状态引起的一种反射，与外界的刺激毫不相关。对他来说，他身体舒畅、心情满足的时候，任何引入眼帘的刺激物都会使他微笑。所以这个时期的微笑只是自发性的生理微笑。真正能够辨认人脸并报以社会性微笑是在他出生后第 5 周左右，而在此之前他的笑并不

代表他特别喜欢某人。

同样，他的哭也是如此，主要源于生理上的不适。也就是说，在他出生到3个月左右，笑和哭都只是满足生理需要的手段，并不是真正的依恋行为，仅仅只是依恋状态的萌芽形式。只有当孩子出现“认生”现象之时起，他才有了真正的依恋行为。

◎3～6个月，有差别的社会反应阶段

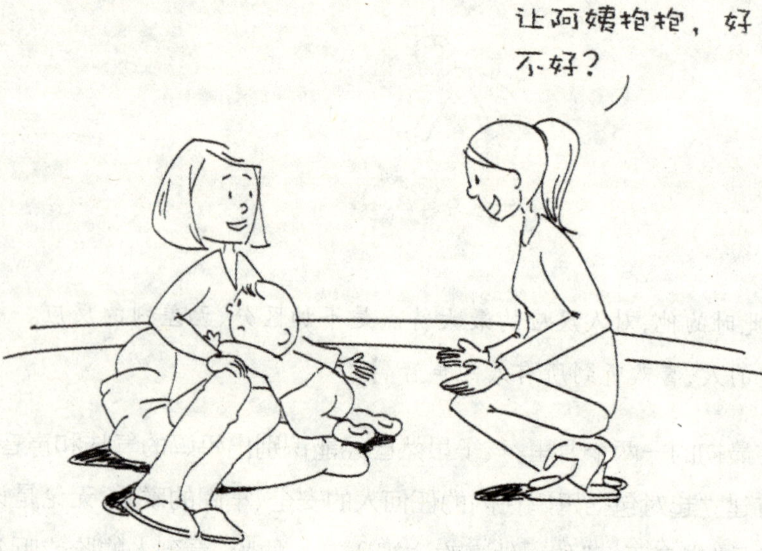

【此时，他已经能够敏锐地辨别熟人和生人，懂得“认生”后真正的依恋行为产生了。】

大概3个月左右开始，孩子的行为会逐渐发生较大变化，和以前对任何人都保持友好态度的情况发生了改变，他渐渐只对固定几个熟悉的人投以微笑，愿意主动施以亲昵的动作，而对于陌生人则表现得比较冷静，通常会很专注地观察陌生人的面部。

这个时候的他在对着妈妈和他不熟悉的人时会有迥然不同的表情和

动作。在妈妈面前，他会尽情地微笑、咿呀学语、依偎，表现出对悉心照料他的妈妈的依恋行为；而这些反应在其他家庭成员面前要相对少一些，对于陌生人则反应更少。在6个月以后，他的行为变化更大，当有陌生人靠近时他会哭闹不安或大叫，并寻求妈妈的帮助，更会急切地伸出手臂对前来的妈妈表示接近。

◎6个月～3岁，特殊情感联结阶段

【这个阶段，他对妈妈产生了强烈的依恋，对妈妈以外的其他人的依恋行为明显少之又少。】

孩子由于害怕和妈妈分离而越来越依恋妈妈。只要看到妈妈在身边或听到妈妈的声音就会安静，而看不到妈妈时就会出现强烈的烦躁情绪或不安反应。此前对任何人不加区别的友好态度已经减少。孩子由于开始学会说话和走路，常常对妈妈采取呼喊、跟随的方式表达对妈妈的依恋，并以妈妈为中心作为“安全基地”在有限范围内对他人或外物进行探索。这个时期，孩子对妈妈表现出明显的依恋，和妈妈之间逐渐形成了特殊的情感联结。

◎3 岁以上，伙伴行为阶段

【随着年龄的增长，孩子逐渐放弃了婴儿时期对妈妈的强烈依附和跟随，而采取了更为积极、成熟的方式。】

你会发现，孩子在 3 岁时经历了难熬的分离焦虑期之后已经逐渐习惯了幼儿园的生活，对自己的依恋也明显发生改变，已经能够认识并且理解妈妈是爱他的，不会抛弃他的，也意识到妈妈也有自己的事情要做，不可能每分每秒都在他的身边。在平时的生活中对妈妈有别的事情需要离开一段时间的情况下，孩子不再大声哭闹而是表现出理解，能够自己独立玩耍，情绪也比较稳定。

孩子的依恋对象由于上幼儿园和父母接触机会相对减少而转变成依

恋老师或同学，从他们身上获得更多的爱和关注。同时，孩子的最大变化是他们的依恋行为的发展逐渐进入高级发展阶段——寻求老师或同龄人的注意与赞许，年龄越大的孩子在这方面的表现越加明显。不少父母觉得孩子并没有依恋行为，而实际上孩子此时的依恋行为方式逐渐由外显的依附、跟随等转为了内隐的信服、敬畏等心理。

妈妈最好是“第一依恋人”

理学家曾做过一个有趣的实验，把一个大房间里进行这样的布置：安置两个铁架子，一个是光秃秃、没有任何装饰物的铁丝假猩猩；而另一个铁架上缠满了皮毛，外形很像一只母猩猩。同时，房间的地上还摆放着一些可供小猩猩吃的、玩的各种物品。布置妥当之后，把一个出生不久的小猩猩放在里面。对于这只小猩猩而言，它会在进入陌生环境之后先冲向美味的食物？还是一把抓起新奇的玩具？或是跑到毛茸茸的“假妈妈”身上？

观察的结果让人心生温暖：小猩猩面对陌生的房间先是恐惧地叫了

几声，然后就迅速爬上假母猩猩架上，紧紧地抱住“假妈妈”。只有在感到饥饿的时候，它才下来捡取地上的食物然后又迅速爬到“假妈妈”身上，紧紧抱住那只一动不动的毛茸茸的“母猩猩”。

【这个著名的心理学实验证明：幼小的动物第一需要是食物，紧接着需要的就是对熟悉的抚养人的依恋，而妈妈就是孩子最为依恋的第一人选。】

对于出生几天的新生婴儿，哭闹是常有的事，此时如果妈妈把他抱在胸前，他就会很快静下来安然入睡，这是因为当他还是胎宝宝的时候，他在妈妈体内就已习惯了母体血流的声音和妈妈心脏的搏动。他出生之后受到外界众多声音的困扰，容易产生焦虑和烦躁，一旦回到妈妈的怀抱，耳朵贴近妈妈的胸膛，熟悉的声音和搏动能把孩子带回昔日宁静的日子和安全的环境中，重温早已体验过的安全感。

对于孩子来说，妈妈是“温暖”、“安全”和“舒适”的信号，只要妈妈在周围孩子就能感到安全，能自在、专心地玩耍、探索，甚至忍受陌生的环境和陌生人的存在。可是，不少妈妈并没有做好孩子第一“依恋人”的角色，由于工作忙、压力大或自己不会带孩子而把照顾孩子的任务完完全全交给了老人或保姆，虽然这种教养方式短时间内看不到对孩子的影响，但

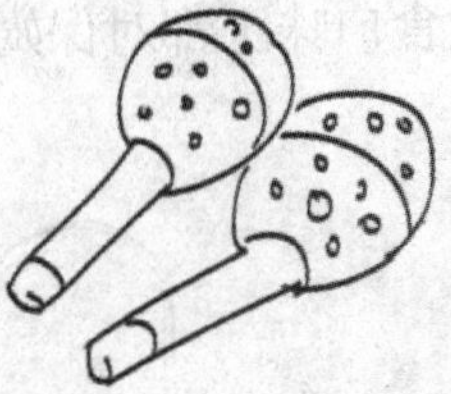

等孩子成长后这种影响会表现出来。

有不少关于“孩子只认保姆不认妈”的新闻，为了保证自己的睡眠质量以便应对第二天的工作，孩子从小就跟保姆一起睡，妈妈失去了很多与孩子交流和培养感情的机会，最后孩子无论是在情感上还是生活习惯上，乃至饮食口味上都对保姆产生了深深的依赖，让亲生母亲感到十分郁闷。

作为妈妈，我很了解孩子对妈妈的依恋之情，也很珍惜作为孩子的天然第一“依恋人”的特殊身份，也努力地当好这个孩子心目中“排行老大”的角色。对于不少背井离乡在外奔波劳碌的爸爸妈妈们，虽然又要照顾孩子又要工作很辛苦，请尽量克服，不要让小小的孩子承担与你的分离之苦。

你的孩子属于哪种依恋类型

儿童心理学家们常常在思考这样一个问题：为什么有些孩子在妈妈

离开时显得特别害怕、焦躁不安，而有些孩子却会很快恢复平静？为什么还有的孩子明明特别期待妈妈返回后的亲昵和拥抱却又表现出反抗、拒绝的状态？为什么有的孩子分明特别想念妈妈却在妈妈回家之后推开妈

妈的拥抱。为此他们开展了许多相关实验和研究。

最终，他们发现，无论孩子的脾气秉性如何，在妈妈离开的时间里他们都会出现哭闹、烦躁的现象，而孩子们之间的区别突出存在于妈妈返回时他们的反应。依据这些不同的反应，心理学家把婴幼儿表现出的亲子依恋进行划分并总结为三种不同的类型：安全型依恋、回避型依恋、反抗型依恋。

安全型依恋：

【对妈妈的依恋很有安全感。在妈妈离开的时候会有些沮丧。妈妈不在的时间段里能够很好地和陌生人相处。当妈妈回来的时候就会很开心。】

安全型依恋类型的孩子，跟妈妈在一起时能在陌生的环境中进行积极的探索和玩耍，对陌生人的反应也比较积极；当妈妈离开时，表现出明显的苦恼和不安。虽然也会产生分离焦虑，显得烦躁、不安，但只要妈妈采取积极的态度和正确的安抚策略，孩子就能很快恢复平静。而且当妈

妈回来时，他会表现得很高兴，竭力想靠近妈妈，并积极地伸手等待妈妈的拥抱，表现出希望立即与妈妈进行亲密接触的意愿。即使妈妈还在较远的地方比如在门口换鞋、先到厨房放下菜篮等，孩子看到妈妈回来了仍然会愉快地用手打招呼或是一路小跑欢快地冲向妈妈。在和妈妈短暂亲昵和拥抱之后，孩子能够平静地继续玩耍。

回避型依恋：

【对母亲在不在场都无所谓，母亲离开时，他们并不表示反抗，很少有

紧张、不安的表现；当母亲回来时，也往往不予理会，自己玩自己的。】

具有回避型依恋倾向的孩子一般个性比较腼腆，家长照顾起来也比较省心。这样的孩子对妈妈是否在场的反应不是特别强烈，妈妈离开时，孩子会哭闹一会儿或默默注视妈妈离开；而妈妈回来后孩子虽然有时也会起身欢迎，但却是短暂的，大多数情况是看看妈妈、打个招呼之后转头继续自顾自地玩耍。

回避型依恋的孩子通常有这样的妈妈：她们不愿意去关注孩子的需要，或者只有在她们心情好的时候她们才会去联系孩子。这些妈妈不能接受孩子自然出现的悲伤。这样，孩子就会明白并得出这样的结论：我不需要你，我会自己做。如果在孩子发育的早期，母子之间太过疏离，或者

发生了创伤性的疏离，他就会变得回避。

反抗型依恋：

【既希望与父母或照料者在一起，又有些抵触与他们的重聚。】

反抗型依恋也被称作"矛盾型依恋"。他们会在妈妈要离开时表现出惊恐不安，大哭大叫；可当妈妈赶紧迎接他或想拥抱他的时候，孩子却像变了个人似的挣扎反抗着要离开，有时还有点发怒的样子。孩子对妈妈是一种既想亲近又很拒绝的矛盾态度。在平时，即使妈妈就在他们身边，他们也不能感到安全，无法放心大胆地玩耍，总是不时地张望妈妈是否在自己周围。对于妈妈的拥抱他会推开，哪怕在妈妈身边哭很久也不理会妈妈，妈妈的哄和劝他一概不接受。他们在适应新的人物和环境的速度比较慢，焦虑情绪反应十分激烈，不能马上接受别人的抚慰而安静下来，消极情绪持续的时间比较长。

良好的亲子依恋是一种积极的，充满深情的感情联系。孩子所依恋

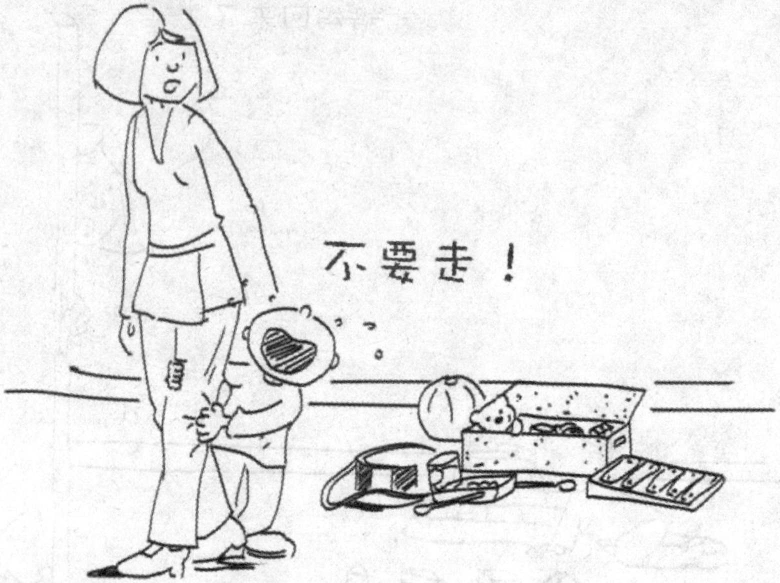

的人出现会使他们有安全感，有了这种安全感，孩子才能在陌生的环境中克服焦虑或恐惧，从而主动积极地去探索周围的新鲜事物，并尝试与陌生人接近，这样才能使孩子的视野逐渐扩大，认知能力得到快速发展，变得更加社会化。

测测他是哪种依恋类型

作为妈妈，你可以通过下面的问卷来判断他的依恋类型，问卷中的每

道题目都有“是”和“否”两种答案，回答“是”计 **1** 分，回答“否”计 **0** 分。如果孩子的主要抚养者为其他人，如爷爷奶奶，问卷中的妈妈应换成爷爷奶奶。

1. 与你分离时，他会哭泣或表现出不安，但能很快安静下来。

2. 你回家时，他仍专注于自己的活动，很少表现出很高兴的样子。

3. 他喜欢缠着你，不愿意自己一个人玩耍。

4. 他哭闹或受惊吓时，在你的安慰下，能很快安静下来。

5. 即使是陌生人的逗弄，他仍会露出笑容。

6. 与你分离时，他表现出强烈的不安，哭闹不停，很难平静下来。

7. 你回家时他会很高兴，喜欢与你一起玩，愿意和你分享玩具与食品。

8. 他对你的离开漠不关心，很少表现出哭泣、不安的情绪。

9. 即使在家中，他也很难接受陌生人的亲近。

10. 去新的环境，他刚开始可能比较拘谨，但不到 10 分钟就可自由地独自玩耍。

11. 他能够很容易地让他不熟悉的人带出去玩。

12. 在不熟悉的环境中，虽然你在身边，他仍表现得很拘谨，不愿独自玩或与别的小朋友一起玩。

13. 他能在你身边独自玩耍，不时会向你微笑或与你说话。

14. 与你在一起时，他很少关注你在做什么，只顾自己玩玩具。

15. 他与你重聚时，紧紧地缠在你身边，生怕你再次离开，怎么安慰都没有用。

16. 他在你的鼓励下，能比较放松地在陌生场合表演节目。

17. 他一般不会主动寻求你的拥抱，或与你亲近。

18. 他在哭闹时，要花很长时间才能使其平静下来。

19. 在你的鼓励下，他能很快和他不熟悉的大人玩耍或说话。

20. 他不怕生。第一次去别人家里，他就能独自玩耍。

21. 与你重聚时，他有时会表现出生气、反抗、踢打你的行为。

以上题目分为三组，1、4、7、10、13、16、19是测试安全型依恋的题目；2、5、8、11、14、17、20是测试回避型依恋的题目；3、6、9、12、15、18、21是测试反抗型依恋的题目。将三组题目的得分各自相加，哪组得分最高即代表他属于哪种依恋类型。

抓住关键期培养健全人格

第2章

何时何地都依恋妈妈——依赖型人格

有的孩子被送到幼儿园时总是大哭不止，有的孩子上中学后以无法适应集体宿舍为理宣布退学。他们在婴幼儿时期就对父母有着过分的依赖，认为保护自己、养育自己并满足自己的一切需要的父母是万能的，他们害怕失去父母的保护。而父母的过分溺爱更鼓励了孩子加倍地依赖父母，没有给孩子长大、尝试和自立的机会，久而久之孩子的心目中逐渐产生对父母的依赖心理，以至于成年之后仍然不能自我做主，缺乏应有的自信心，总是依靠他人来做决定，形成依赖型人格。

美国《精神障碍的诊断与统计手册》中将依赖型人格的特征定义为：

1. 觉得自己软弱无助，当需要拿主意时感到一筹莫展。

2. 对于普通的日常事务总依赖于从别人那里得到大量的建议和保

证，否则不能做出决策。

3. 关于自身的重大决定和抉择依赖别人为自己做决定。

4. 缺乏独立性，很难单独展开计划。

5. 理所当然地认为别人比自己优秀，比自己有吸引力，比自己能干。

6. 无意识地倾向于以别人的看法来评价自己。

7. 过度容忍，为讨好他人甘愿做低下的或自己不愿做的事。

8. 害怕被别人忽视，努力想要“合群”，明知别人是错误的也随声附和。

9. 很容易因为没有得到赞许或遭到批评而受到心理伤害。

10. 经常被遭人遗弃的念头所折磨。

11. 当亲密的关系中止时感到无助甚至崩溃。

12. 独处时有不适和无助感，或竭尽全力以逃避孤独。

在日常行为中有符合上述状态中的七项，那么就很可能属于依赖型人格。

依赖型人格的最大特点是“依赖性强”，容易出现的最大问题是自理能力、独立性差，不能自主地把握自己的生活，活得很被动。

孩子在成长阶段中的心理发育停滞在依恋阶段，对亲密接触的要求似乎永无止境，每当他们认为自己被别人忽视的时候，就会感到被遗弃，产生愤怒和恐惧。孩子一旦形成了依赖型人格，在成年之后往往表现出强烈的占有欲，要求与自己保持亲密关系的人必须时时刻刻关注自己，不能容忍丝毫的忽视和冷遇，总是在埋怨对方对自己不够关心，并总是试图用生气、吵闹甚至威胁等手段来迫使对方来关心自己，满足自己的心理需要，这和他们在婴儿时期用哭闹的方式来获得母亲的关心是一样的。他们表现出来的强烈的不安感和对遗弃的恐惧，归根结底源于早年对妈妈的过度依恋的情感。

根据心理学专家的多项研究表明，依赖型的人缺乏自信，自我意识低下,与童年时期的不良教育在心中留下的自卑痕迹密切相关。

下面这些打击性的话,你是否会孩子说过?

【这些话语最容易伤害孩子的自信心，让孩子在心理上害怕尝试，也会加强他们对成年人的依赖感，对妈妈极易产生过度依恋的心理。】

【除了家长对孩子说一些打击孩子自信的话会激发孩子的过度依恋情结之外，溺爱也是促使孩子过度依恋产生依赖性的主要原因。】

在生活中，家长要把本应由孩子决定的事情交由孩子自己承担，让孩子敢于做决定和判断并勇于承担责任和错误，对孩子多鼓励，用更多的耐心见证孩子从不会到愿意尝试、到出现错误能够自己改进最后到品尝胜利果实的整个过程，而不要把所有的目光和关注点只集中在最后的结果上。

感觉谁也不需要——回避型人格

有的孩子表现出害怕被拒绝、轻视，希望得到他人的关怀和体贴，又因为害羞而不敢接近他人。他们害怕参加社交活动，又担心自己的行为是不正确的，被遭到嘲笑和讽刺，即使参加集体活动，也是躲在一旁，不爱说话。他们不愿意和小朋友们一起玩，上课的时候从来不举手回答问题。他们长大以后，会有社交焦虑，影响他们的婚姻、工作和人际交往。

童年时，妈妈持续性的情感冷漠和不关注，会让孩子自然而然地回避一切亲密接触，他们认为自己“没有需要”，而形成回避型人格。其实，他构造了一个不真实的自我，他看起来很独立，实际上是否定自我的需要，恐惧与他人接触，其目的只是为了回避由此可能带来的痛苦。

美国《精神障碍的诊断与统计手册》中对回避型人格的特征定义为：

1. 很容易因为别人的批评或不赞同而受到伤害。

2. 除了至亲之外，几乎没有或仅有一个知心的好朋友。

3. 一般不愿卷入他人事务之中或加入某些已存在的团体活动，除非确信自己是受欢迎的才会加入。

4. 对需要人际交往的社会活动或工作总是尽量逃避。

5. 心理自卑，在社交场合总是缄默无语，怕惹人笑话，怕回答不出问题。

6. 敏感羞涩，害怕在别人面前露出窘态。

7. 在做一些普通的但不在自己常规行为中的事时，总是夸大潜在的困难或臆想可能会出现的危险。

满足上述的4项特征就可以认为可能是回避型人格。

如果你因为孩子“不合群”感到十分着急，就鼓动甚至勒令孩子必须加入正在玩耍的孩子群里，这让害羞而缺乏安全感的回避型人格的孩子感到十分难过。如果你了解了孩子的人格特质，采取一些有针对性的、正确而积极的引导方式，就不会让孩子感受到太大压力。

根据儿童心理学家长达数年的研究，发现大约有20%的一岁婴儿属于回避型不安全依恋类型，如果妈妈在细节上不注意这些孩子的种种表现而忽视了对他们的引导，这些孩子在成年之后很容易成为回避型人格，在人际交往中出现比较严重的交往障碍。

回避型人格又叫逃避型人格，其最大特点是行为退缩、心理自卑，面对挑战多采取回避态度或无能应付。为了避免孩子把对妈妈的回避型不安全依恋继续发展最终变成回避型人格障碍，妈妈要抓住孩子的人格特质形成的关键期。

【见到孩子内心很想和其他小朋友玩却不敢主动加入的时候，你不要单纯地认为孩子“老实”、“乖”，而要注意到这可能是回避型性格的萌芽表现。】

家长要积极创造孩子与同龄人共同生活的环境，不要因为怕孩子磕着碰着或生病在家长时间休养而不让孩子与同龄伙伴玩耍。在引导孩子和同龄伙伴玩耍的过程当中，你要始终充当孩子赖以信任的依靠者、依恋人，如果孩子害怕与同伴玩耍，不要说些伤害孩子自尊的话，更不能态度恶劣地数落孩子；在和同伴玩耍时因为交流不畅而受到了委屈，更要及时敞开胸怀给孩子温暖的可以哭诉的安全港湾，这样才能让孩子逐渐降低与人交往的焦虑情绪，把对你的依恋变成安全依恋，能够比较自信地出现并融入到人际交往当中。

无法满足就暴力——攻击型人格

心理学研究发现，孩子最早的攻击性行为在两岁时开始逐渐表现出来。孩子为了和同伴争抢东西会经常性地发生扭斗，在争执时说“这是我的！”在发生争执时还会威胁并逼迫同伴退让。攻击性是一种稳定的特性，3 岁时爱打架的孩子，如果得不到有效引导和教育，10 岁时仍然爱打架，而在 15 岁左右的青春期仍然具有攻击型人格。攻击性人格的形成原因有很多方面，孩子幼年时缺乏父母的管教，父母过分溺爱都可能形成攻击性人格。

美国《精神障碍的诊断与统计手册》中将攻击型人格的特征定义为：

1. 有肯定的不可预测和不考虑后果的行为倾向；

2. 行为暴发不能控制；

3. 不能控制或不适当的发怒，易与他人发生争吵或冲突，特别是行为受阻或受批评时；

4. 情绪变化反复无常，不可预测，尤其易暴发愤怒和暴力行为；

5. 生活无目的，尤其不能事先计划或不能预见将会发生的事件或情况，或做事缺乏坚持性；

6. 强烈而不稳定的人际关系，要么与人关系极好，要么极坏，几乎没有持久的朋友；

7. 有自伤行为。

在日常行为中有符合上述状态中的三项，那么就很可能属于攻击型人格。

攻击型人格具有很大的心理因素，特别是男孩，会在同龄人面前表现出强的攻击性以证明自己是男子汉。而有的孩子则是出于自卑心理用攻击性的行为表示补偿。更多的孩子则是由于自尊心受挫变得反应敏感而强烈。一般说来，攻击型人格与家庭教育有较大关系，与孩子在婴幼儿时期对妈妈的不安全依恋关系密切。

妈妈，把我的衣服拿过来！
好！马上就来！
妈妈，我的
书包在哪里？
在这儿呢！
啊！啊！

【被溺爱的孩子容易表现出攻击性。】

被溺爱的孩子很容易表现出攻击性，因为你对孩子照顾得过于细致，本应他做的都被你包办代替，只要孩子想要的你都竭力满足，渐渐的，他就会滋生过于强烈的个人意识，一旦受到限制就很容易采取“还击”的方式维护自己一直保持的中心地位；如果你因为忙于某事不能在第一时间出现或不能给予他依恋心理的满足感，他就会因为得不到即时满足而变得冲动易怒，更会突然爆发强烈的暴力行为，控制不住自己而以暴力破坏物品或伤害他人。

对待有攻击型性格倾向的孩子，家长要注意与孩子保持良好沟通，和孩子进行交谈，探寻并关注孩子的心理矛盾和思想意愿。妈妈要和孩子保持顺畅的交流，关注孩子的心理依恋需求又不要立即、处处都予以满足。在无法满足孩子的依恋需求的时候，一定要提前向孩子说明原因，并给孩子一个“准信”，让孩子保有期待。

用夸张的言行吸引注意——表演型人格

常常有许多孩子在客人面前故意尖叫、大声吵嚷以吸引客人的注意；不少孩子喜欢模仿动画片中的人物形象，通过穿戴打扮把自己化身为心仪的角色，这些模仿性质或表现性质的种种行为并不是表演型人格的萌芽，但可以从孩子长期的、固定不变的热衷于角色形象扮演的行为中看到表演型人格的端倪。表演型人格的核心症状是寻求关注。在缺乏关爱与期望的家庭中的孩子更易发展成表演型人格障碍。

在我教过的学生中有一个孩子就很典型，他特别喜欢出风头，表现欲强烈，甚至为了让别人佩服自己而当着全班同学的面故意吞下了一支粉笔。他只喜欢听到别人对他的赞美声，听不得任何一点反对的声音，尤其不爱听到批评。我曾经找他单独谈话，他斜睨着眼，双手插在裤袋里一副若无其事的样子，我背对着他翻找他的作业本还能从办公桌上清晰地看到他在我身后张牙舞爪投下的阴影。对于这个男孩，几乎所有的科任老

师都感到头疼。

◎表演型人格的定义

表演型人格障碍是一种过分情感化和用夸张的言行吸引注意为主要特点的人格障碍。

美国《精神障碍的诊断与统计手册》中对表演型人格的特征定义为：

1. 如果不是注意的焦点将感到不适
2. 与他人交往过程中经常表现出性引诱以及夸张的行为特点
3. 情绪多变
4. 对于自身外表持续不断的关注
5. 说话方式给人印象深刻但内容空洞
6. 展现出戏剧化、夸张的情绪表达
7. 受暗示性强
8. 考虑与他人关系的亲密程度高于实际情况

在日常行为中有符合上述状态中的五项，那么就很可能属于表演型人格。

一些具有表演型人格倾向的孩子往往是开始受父母溺爱的，在逐渐长大或进入集体生活环境之后，从被全家人呵护的“小太阳”变成了众多“小星星”中的“其中一个”，心理落差的增大让他产生了吸引别人注意以满足自己心理需求的愿望。在“受宠”到“失宠”的转变过程中，他的依恋来源和依恋对象都发生了改变或削弱，为了使自己在众人中更为突出，再次成为焦点，他就会以夸张甚至不恰当的言行吸引别人的注意力。

具有表演型人格倾向的孩子依然在很大程度上源于对妈妈的不安全依恋，总是冀图以各种异常超常的表现吸引妈妈的注意，继而获得妈妈的拥抱和关注并乐此不疲。如果你注意到自己的孩子在平时常常无理取闹，或使用一些小“花样”来迫使自己陪在他们身边，首先就要对他进行冷处理，只要确定他的“表演区域”是安全的、他的“表演手段”不会对他或别人造成伤害，不管他如何表演都不要搭理，对他的卖力表演熟视无睹。否则，他就会意识到这种方式能够吸引你的注意，他就会一再尝试，多次成功之后就会逐渐形成固定模式——只要你不关注他，他就躺在地上打滚。

【千万别对他的表演进行任何形式的迎合，不要挑逗起他的表演兴趣。】

如果孩子主动凑过来想要展示自己，你可以面无表情地简单回答“嗯”“好，我很忙，过会儿再说。”等简短话语，让他的表演热情降降温。你可以在必要时明确地告诉他，自己对他的表演并不感兴趣，并确切地指导他该怎么做，别人才会注意他，把孩子的表演欲转变为求知欲，让他通过亲身实践逐渐明白如何才能合理有效地吸引别人的关注并在取悦他人的情况下更好地融入社交圈中。

迷恋对象是自己——自恋型人格

孩子在一岁到两岁之间有一个“依附阶段”，在这个阶段中，他会以照料者为“根据地”向外部世界进行探索，呈现出又想守在妈妈身边，又想参加探险的状态。如果此时妈妈对孩子过于溺爱或过度保护，孩子就会认为周围的世界都在他的掌控之中，没有什么好怕的，自己是无所不能的。会因为虚假的自我效能感过于美好而沉溺于这个阶段不愿长大。这样的孩子在生理逐渐长大的同时乃至成年之后也会一直保持“我是最重要的，所有人都该满足我”的幼稚心理，始终存在成为“第一”的好胜心理和虚荣感。

【从小受宠的孩子，在家人的庇护下，虚荣心得到极大的满足，不愿意或缺乏改正缺点的勇气。当他到了上学年龄，逐渐养成了唯我独尊的习惯后，才发现在学校里没有人再以她为中心。当别人没有满足她的要求，

她就会认为是别人不对。他总是希望所有人总称赞她，认为自己是最优秀的理应受到特殊对待。】

大多数孩子的自恋行为和他从小的生活环境以及家庭教育是有直接关系的。当他的安全感建立在依恋家庭中成年人毫无原则的附和与配合之上时，一旦失去了这种鼓励性质的“后盾”，他就会自然而然地把依恋对象转向自己，形成病态的自恋并停滞于这种自恋的状态踯躅不前。

◎自恋型人格的定义

对自恋型人格的诊断，目前尚无完全一致的标准。一般认为其特征主要如下：

1. 对批评的反应是愤怒、羞愧或感到耻辱（尽管不一定当即表露出来）。

2. 喜欢指使他人，要他人为自己服务。

3. 过分自高自大，对自己的才能夸大其辞，希望受人特别关注。

4. 坚信他关注的问题是世上独有的，不能被某些特殊的人物了解。

5. 对无限的成功、权力、荣誉、美丽或理想爱情有非份的幻想。

6. 认为自己应享有他人没有的特权。

7. 渴望持久的关注与赞美。

8. 缺乏同情心。

9. 有很强的嫉妒心。

在日常行为中有符合上述状态中的五项，那么就很可能属于自恋型人格。

对于有自恋型人格倾向的孩子，妈妈要用爱和尊重为孩子创造良好的成长环境，无论是自大式的自恋，或是缺乏母爱而出现的自卑补偿式自恋，孩子的内心深处都是缺乏安全感，无力而沮丧的。为此，你要努力为孩子创造一种良好的成长环境，帮助孩子顺利地完成“转换性内化”，让孩子的独立个体感逐渐形成。既要满足他的合理需求，又要对他的不合理需求用适当的方式给予拒绝。在拒绝他的不合理要求时，不要带着自己的情绪，尤其是负面情绪，否则容易造成他的拒绝性创伤，让他分辨不清被拒绝的真正原因。对于他的不合理要求应当明确的、言之有理地拒绝，既不能不理不睬，也不过度关注、毫无分寸地夸奖自己的孩子。

自恋性人格的形成往往是在家中缺少伙伴而造成的，如果你不鼓励孩子结交朋友，不为孩子结交朋友提供条件，甚至还加以阻碍，就会更容易造成孩子自恋性格的形成。所以作为独生子女家庭的父母更应当创造机会让孩子与人相处，适当地教给孩子一些和别人互动的技巧，让孩子参与到同龄人的活动中去。比如，带孩子到小区中心广场玩耍时，为孩子准备一些易于消化的零食，让孩子在小朋友玩耍的过程中互相分享，这样在游戏中让孩子建立自己的规则，明白与人分享的意义并享受分享的乐趣，认识到把自己的东西分给别人不是“失去”而是“获得更多”。

依恋中附加了苛求——强迫型人格

我曾经在某小学代课一段时间。由于刚从高一的课堂走下来就直接面对小学一年级的学生，在心理上还一时没有调整过来。布置作业的时候我把当天的作业要求写在黑板上，孩子们纷纷拿出专门的小笔记本抄写作业要求，可类似于“每个生字抄写五遍”这样简短的作业题目对孩子们而言要耗费至少十分钟的时间。这个问题一度让习惯了高效率的高中教学模式的我感到十分抓狂。为此我不得不提前几分钟下课，给孩子们腾出足够的时间来抄写作业题目。在孩子中有一个学生让我的印象十分深刻，他抄写题目总是很慢，平常的考试也是最后一个交卷。我发现，原来他对自己写字要求十分严格，试图把每个字控制到同样大小，如果一个字不小心写大了，他就会反复擦掉重新来过。如果一句话写错了，他更会直接把整页纸撕掉重新写一遍。

有的孩子做事循规蹈矩，不会变通，对自己做的事总没把握，总以为没达到要求，别人一怀疑，自己就感到不安，在青少年时期表现出更为明显的强迫特征，做事效率降低、追求完美、作业反复核对不放心等，是强迫性人格的表现。

强迫性人格与家庭教育和生活经历直接有关，父母管教过分严厉、苛刻，要求孩子严格遵守规范，绝不准自行其是，造成孩子做事过分拘谨和小心翼翼，生怕做错事而遭到父母的惩罚，慢慢形成经常性紧张、焦虑的情绪反应。

◎强迫型人格的定义

《中国精神疾病分类方案与诊断标准》中将强迫型人格的症状表现

描述为：

1. 做任何事情都要求完美无缺、按部就班、有条不紊，因而有时反会影响工作的效率。

2. 不合理地坚持别人也要严格地按照他的方式做事，否则心里很不痛快，对别人做事很不放心。

3. 犹豫不决，常推迟或避免做出决定。

4. 常有不安全感，穷思竭虑，反复考虑计划是否揭当，反复核对检查，唯恐疏忽和差错。

5. 拘泥细节，甚至生活小节也要“程序化”，不遵照一定的规矩就感到不安或要重做。

6. 完成一件工作之后常缺乏愉快和满足的体验，相反容易悔恨和内疚。

7. 对自己要求严格，过分沉溺于职责义务与道德规范，无业余爱好，拘谨吝啬，缺少友谊往来。

在日常行为中有符合上述状态中的三项，那么就很可能属于强迫型人格。

【父母管教过分严厉、要求孩子严格遵守规范，会使孩子做事过分拘谨。如果他对你的依恋被附加了一些威胁或恐吓的条件，他的精神压力就会增大，过分压抑和控制自己，并在长期的生活中逐渐受到潜移默化的影响，努力使自己按照你的标准做到完美，以此来获得你的拥抱和赏识，

并把按部就班的方式变成模式化的规矩和习惯，放射到生活的每个细节当中，也外延到与他人的交往之中。】

强迫性人格具体行为表现有三个突出的特点，是具有不安全感、思虑过多、循规蹈矩不知变通。作为孩子的第一依恋人的妈妈，在孩子对自己表现出依赖情绪或行为的时候要降低对孩子的要求，以满足孩子依赖心理为前提的原则下对孩子提出与他的年龄相符的期望。对孩子已经通过努力但仍然不能达到的标准要及时做出调整，并积极表扬孩子努力的过程，使孩子能够有充分的信心面对新的挑战。

比如，当他在你的指导下学会了叠自己的衣服，你要及时表扬他的行为，而不是挑剔衣服的整齐程度是否达到成人的标准，更不要当着他的面拆开他的劳动成果重新折叠，那样会打击他的自信心，使他产生“我连最简单的事情都做不好”的心理，同时对你的要求产生畏难心理。

同时，如果你要求孩子必须按照某种方式折叠衣物，更会使他在潜意识里认定那种方式就是最好最完美的，会在将来很长一段时间或者未来的生活中都以你教导的模式折叠衣物，一旦稍有变化就会感到既定的规矩被违反，不重新拆开再叠一次就会感到不舒服。这样势必促使他从被

强迫要求者变为自我强迫要求者，在与他人交往时也会无意识地以这种方式处理人际关系中的各种事件，容易与他人产生矛盾。所以，在和孩子共同的生活中，你要注意看到孩子的闪光点，对孩子自己的事情尽量重过程而不是重结果，逐渐淡化孩子心目中既成的模式感和过度规范意识，才能逐渐消除强迫型人格倾向带来的不良影响。

第3章

0~3个月，喜欢你的轻抚与呢喃

无差异的依恋发展阶段

孩子刚出生时，会用哭声唤起别人的注意，他似乎懂得，大人绝不会对他们的哭置之不理，肯定会与他们进行接触。随后，他用微笑、注视和“咿呀”语与大人进行交流。这时的他对于前去安慰他的人没什么选择性，所以此阶段又叫无区别的依恋阶段。

作为妈妈，你是否能够敏锐而且适当地对他的行为做出反应，是否能积极地同他接触，是否在他哭的时候给予及时的安慰，是否能在拥抱他时更小心体贴，是否能正确认识他的能力等，都直接影响着这种母子依恋的形成。

【这个阶段的孩子看见或听见任何人都会向那个方向转过去，眼睛会骨碌碌的随着人的移动而移动，一会向这个人靠过去，对他发出微笑和咿呀语等。】

【这个时候的孩子并没有与妈妈发展起独特的一对一的依恋关系。出门时遇到陌生的叔叔阿姨要抱他，他的反应基本上是良性的，不会有明显的哭闹。】

他需要有耐心的陪伴

父母对孩子提供的精神和心理上的安慰对孩子的身心发育十分重要。不少妈妈会担心，因为工作的关系不得不把孩子交给老人或者保姆带，时间久了孩子会和自己的爸爸妈妈不亲。其实，只要平时你能够尽量多地陪伴孩子，和孩子进行高质量的亲子互动，安全的亲子依恋仍旧是可以正常建立的。

◎坚持母乳喂养

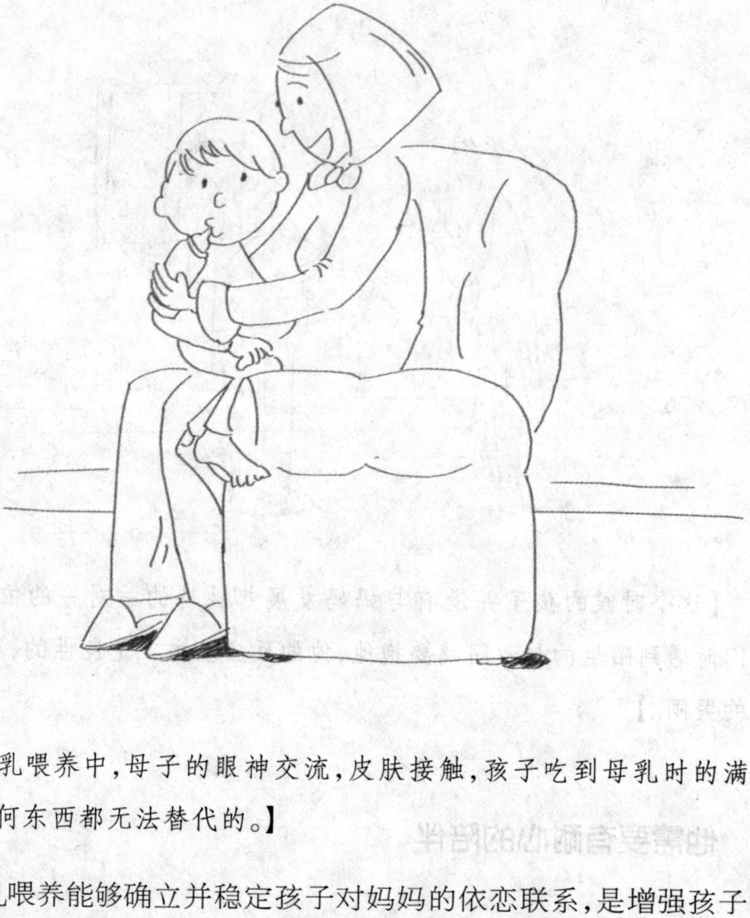

【母乳喂养中，母子的眼神交流，皮肤接触，孩子吃到母乳时的满足感，是任何东西都无法替代的。】

母乳喂养能够确立并稳定孩子对妈妈的依恋联系，是增强孩子安全感的重要环节。在孩子一岁前坚持母乳喂养，不仅对妈妈自身的身体恢复很有好处，而且能够给孩子提供丰富均衡的营养，增强孩子的抵抗力。

对于上班族妈妈母乳喂养的问题，不少有经验的妈妈都会在早上出门前用吸奶器把奶吸好后放入冰箱，有的妈妈还会买小保温桶放上冰块，胀奶的时候用吸奶器吸好放进保温桶下下班后带回家。

孩子越小，越依恋妈妈的母乳，如果你能够把握和孩子亲密相处的喂奶时间，就能让孩子感觉到你的爱，产生对你的依赖关系，即使断奶之后也会以安全、稳定的亲子关系陪伴他的成长。

◎妈妈尽量与孩子同睡

【妈妈哄孩子睡觉，孩子在妈妈温柔的摇篮曲或讲故事的声音中甜蜜地睡去，这一夜肯定是幸福的。】

尽管大多数孩子睡觉是属于“天马行空”或“拳打脚踢”型的，尽管陪孩子睡觉的你常常被孩子这里踹一脚、那里打一拳而备受折磨，但为了孩子考虑，还是尽量与孩子同睡。

如果你是上班族妈妈，由于已经失去了白天和孩子亲密接触的时间而在心理上多多少少和孩子会有一些疏离感，总觉得孩子不“亲”自己，所以更应当珍惜下班后和孩子玩耍、洗澡、同睡的时光，弥补白天不在家的缺失。如果你怕影响自己休息，可以尝试让孩子的小床挨着父母睡的大床，或者给孩子穿上睡袋。这样可以贴近孩子、避免孩子因为蹬被子而着凉。

◎妈妈尽量自己抚育孩子

【依恋是一种积极的、充满情感的情绪状态。妈妈对孩子的关爱，孩子在很多细节方面都能感受到。】

不管是全职妈妈还是上班族妈妈，都应当在孩子小的时候尽量对他的每一件事亲力亲为，包括冲奶、喂奶、哄睡、洗澡、读书、游戏等，可以充分参与到孩子的生活，还能通过这些事情建立和孩子的亲子关系。这些琐事看起来都是孩子的日常活动，但其实每一项工作都是亲子活动，都是和孩子最好的互动。

◎抓住节假日与孩子同乐

【孩子的成长时光一去不复返，无论怎么忙碌，家长都要在有限的时间内，把对孩子的关心和爱满满地表达出来。】

节假日对于3岁以前的孩子来说和平时没什么不同，而3~6岁的孩子由于上了幼儿园就会对周末、节假日产生期待。家长要合理利用周末和节假日，打破一成不变的工作日生活，带孩子一起出游、亲近大自然、见识各种动物等，对孩子来说是充满新鲜感的事情。孩子会明白父母在周末和节假日的陪伴与众不同，他能更开心、更放松、获得更多的生活体验。

总而言之，妈妈要尽量多和孩子在一起，基本满足孩子的每一个合理的要求，让她觉得妈妈是最懂他、最值得他信赖和依赖的人，让他在妈妈的贴心陪伴当中感受到妈妈的爱。

他会感觉到皮肤饥饿

人类和其他所有热血动物一样，都有一种特殊需求，这种需求是天生的，是一种对互相接触和蹭磨的心理需要和情感需求，这种现象就是“皮肤饥饿”。心理学家认为被触摸的感觉能够使大脑的兴奋和抑制协调，使身体充满活力，并促进大脑发育，提高智商，更能让心态保持平衡。

对于孩子而言，触摸、搂抱等接触更能减少或解除孩子对某些可怕事物的紧张感，消除疲劳感和疼痛感。如果被触摸的需求被漠视或被剥夺，孩子就很容易丧失欲望，导致生长迟缓和智力低下，甚至会产生不正常的行为方式。

比如，有的家长苦恼孩子小小年纪就早恋，其实这个问题可以追溯到孩子婴幼儿时期的家庭教育方式。那些小时候没有或极少得到妈妈的拥抱和亲昵的孩子，会逐渐形成一种潜在而深刻的对被关爱、被呵护、被抚慰的心理渴望，这种渴望如果一直得不到满足或缓解而变得越来越强烈，就会导致一种病态的情感需求，把对亲人的情感和抚慰需求转移到异性甚至同性的伙伴身上。可见，婴儿时期的皮肤饥饿对于孩子的成长和将来的情感、心理等多方面发展都有不良的影响。

妈妈,你知道吗,我咬手指、啃玩具、哭闹不安,甚至把头或身体乱碰撞,是因为我“皮肤饥饿”。我需要你的拥抱和抚摸!

◎用拥抱方式让孩子更有安全感

【拥抱孩子,能够使孩子在感受到父母温度和力度的同时产生强烈的幸福感和安全感。】

孩子从出生起就开始接受父母的拥抱,这种拥抱形式更多的时候是孩子被父母环抱。哭闹的孩子会在拥抱中逐渐安静,心情愉悦的孩子会在温暖的怀抱中咿呀说话。儿童心理学家发现,那些经常能够得到父母拥抱的孩子往往心理都比较健康,自信而乐观。

◎用抚摸的方式让孩子感觉你的爱。

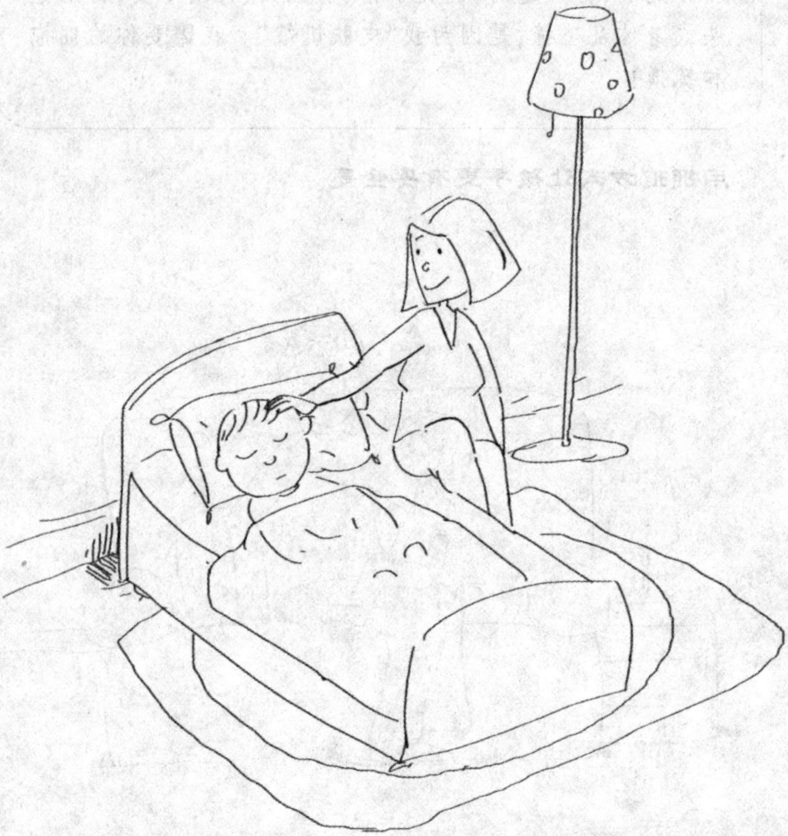

【注视着孩子，轻轻抚摸他的肌肤，是最高级的爱抚。】

实践证明，每天给新生婴儿进行科学而又系统的抚触，可以有效地促进婴儿生理和情感发育，而且较未经抚触的孩子更有能力应付环境压力。

你可以抚摸他的胳膊、抚摸他的脸蛋，轻拍他的小屁股，或是你平躺在床上，把他抱在双乳之间，让他俯卧，让母子的肌肤直接接触。当婴儿出生后，他们会感到原先所熟悉的那个温暖而有限的空间突然消失，十分陌生的环境让他们一时无所适从。这时如果能给予婴儿抚触，就会使婴儿感到无比幸福和安全。

从嘉宝出生到现在，我每天晚上都会对她进行按摩。说是按摩，我也只是看看书了解一些皮毛而已，我的“按摩”更多的是一种找不准穴位的“乱摸”。但这种“乱摸”嘉宝却很是受用。

在她临睡前，我会让她仰卧，从她的头开始轻捏、按揉，然后到胸腹和四肢。按过“正面”之后，“翻面”让孩子俯卧，沿着尾椎一路沿着脊椎往上捏提到颈部。最后的重点必然是她的肥屁股。嘉宝特别喜欢我抓捏她的屁股，我也很喜欢小朋友光滑细嫩肉多的部分，所以每次我们都会在嘻嘻哈哈中完成一套亲子抚触。在平时，我也会经常用手抚摸她的身体，捏捏小耳朵、拍拍小脸蛋。其实对于孩子来说，从她自身而言也是非常喜欢父母的抚摸的。轻柔、温热的触碰会让孩子觉得舒服、畅快、享受，感受到父母浓浓的爱意。

◎用亲吻表达最直接的爱

【妈妈的吻是传达母爱最直接的方式，也是母亲和宝宝之间沟通的最佳语言。】

每次注视着小婴儿无邪的眼睛时，妈妈总是情不自禁地抱紧并亲吻他。即使他睡着了，也会忍不住要亲他，你听着宝宝浅浅的呼吸声，看着他微微振动的眼睑，不能不惊叹你所创造的这个奇迹。等他逐渐长大，你亲吻他的腹部、手指、脚趾等是让他认识自己身体不同部位的好方法。当然，你不必总是全面接触他的整个身体，从你的吻中他已能完全受益。

从出生到现在，我几乎每天都会亲吻家宝。当我把早上叫嘉宝起床时的千呼万唤变成对她的脸蛋、脖子、胳膊、手心手背甚至小肥屁股的亲吻之后，她起床后的情绪和穿衣速度都大为改观，不再像以前被我反复催促之后一脸郁闷地坐起来、怨声载道地穿衣穿裤，也不会在拉不上衣服拉链、翻不好袜子的时候大发雷霆。还常常让我嘴巴不停催促、眼睛看到她磨磨蹭蹭的时候心里的火蹭蹭上窜。这样的早上是开心的、高效的，很多时候嘉宝还会笑眯眯地伸手搂住我的脖子，用还留有口水印的小嘴对我的脸一阵猛亲。

当然，和孩子进行皮肤接触不仅仅是是上面这些，还应当包括通过一些能够让他感到母体温暖和柔软的其他“接触”，比如你注视孩子时的眼神接触，你对他的慈爱表情、温柔的话语，轻轻摇晃产生的韵律感，以及你的呼吸、气味、微笑等，通过这些细节也能使他感受到你的爱，对于缓解或消除孩子的皮肤饥饿很有帮助。

他的“哭闹”会让你心烦意乱吗

在孩子的各种情绪中，哭是最频繁、最主要的一种情绪表达方式。孩子一出生就会哭，这是还不会用言语来表达的孩子对我们发出的信号，他用这些信号来吸引注意，要求得到大人的抚慰和照顾。

特别是孩子出生头几个月时,孩子感到饿了、冷了、累了、尿布湿了,或者想要和父母玩、想要他人的拥抱、抚摸、亲昵的时候,他们都会哭。如果家长不能敏感地察觉到孩子的需要,没有给予迅速、正确的反应,他就会哭得更厉害。而这样“有求无应”的单方面交流方式久而久之必然会让孩子产生不安全依恋的倾向,性格也慢慢变得敏感、多疑、容易焦虑。

◎正确对待孩子的两类啼哭

孩子啼哭的原因多种多样，但归结起来可简单地分为两种：

【第一种：生理上的，包括要喝奶或者换尿布等等，他需要你的照料。】

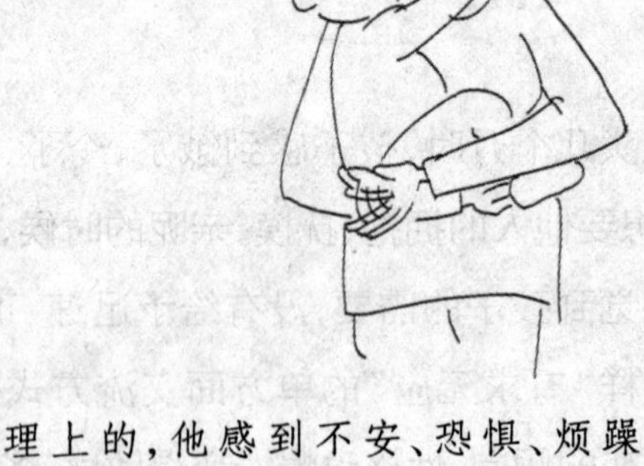

【第二种：心理上的，他感到不安、恐惧、烦躁、孤独时，需要你来抚慰。】

对于孩子的第一种哭闹，可以通过生活上的料理来消除孩子生理上的不舒服：看到孩子一边哭闹一边舔嘴唇、吸手指，可根据时间判断孩子是饥饿了，就给他喂奶或米糊、面条等；摸摸孩子没有发热、寒冷的表现，就要查找让他不舒服的因素，比如摸摸尿布是不是湿了、翻看有没有什么硬物硌着孩子娇嫩的身体等。

对于第二种原因的哭闹，通常用抱抱孩子来消除他的不安。然而，很多时候，孩你在子哭的第一时间就会去抱他，当哭和抱之间的关联增多并慢慢强化之后，就会逐渐建立起条件反射，在他哭闹的时候如果你不去抱他，他就不会停止哭泣。所以，听到孩子哭，在排除其他生理因素之后，马上去抱他也并不是一个明智的做法。

那么，到底孩子哭的时候该不该抱？什么时候抱比较适当？这个问题一直困扰着许多爸爸妈妈。事实上，对一个哭泣的孩子迅速做出反应，不一定每次都要抱起来，可以是拍拍孩子，跟他说话、唱歌，或者是抚摸孩子的皮肤，这些反应会让孩子学会信任父母，建立安全依恋。从长远来说，会减少他们哭的次数。

所以，在确定孩子没有疾病或尿床、周围声音太大、光线太强之类的“情况”后，在确保孩子安全的前提下，即使他的哭声再大也不要立刻抱起他，可以在和孩子进行一定时间的抚摸、轻拍等皮肤接触之后再抱他，暗示孩子哭闹并不能达到被你抱的目的，而微笑、安静才是能让你抱的条件。

◎其他让孩子“止哭”的方式

【亲吻、按摩、逗弄孩子、抚触孩子的皮肤、和孩子玩一会儿，以积极、快乐的情绪与孩子相处都能让他觉得很舒服。】

每个孩子的性格各不相同，家长要在安抚孩子哭闹情绪的时候也要注意方式方法，在不断摸索的过程当中找到最适合自己孩子的亲子交流手段。有的孩子很容易被安抚，妈妈只要轻轻抚摸他的额头，他就能很快进入梦乡；而有的孩子却不太喜欢打人抚摸他的面部或头部，像我的侄子小牛牛，他就很反感别人触碰他的脸，但很多次尝试后发现，他喜欢趴着睡，喜欢大人的手轻按在他的屁股上慢慢摇晃，可能这样会引发一种全身摇动的舒适感，他就能够很快入睡。所以，妈妈要根据自己孩子的特点来慢慢调整自己的行为，让孩子真实地感觉到父母是值得信任、可以依靠的。

微笑能带给他力量

世界上最伟大的力量就是微笑的力量。微笑在培养孩子的自信方面有着不可估量的作用。0～3个月的孩子，哭的次数或许要比笑的次数还要多，但请你一定要保持对他微笑的姿势，并形成习惯，一直延续下去。父母的态度对孩子的身心发育有很大的影响。你的微笑会对他产生积极的影响，他不仅受到你的鼓励，还能在心理获得安慰。

【在孩子的世界里，父母就是他的一片天，这片天掌握着他的温饱、物质供给，也影响着他的情绪和感受，父母的微笑对于孩子来讲不仅仅是一个简单的面部表情，而更多地包含了默许、关爱、亲昵、认可、鼓励等充满良好意味和美好期待的丰富内涵。】

孩子是父母的一面镜子，是父母的翻版。父母能够从孩子身上看到

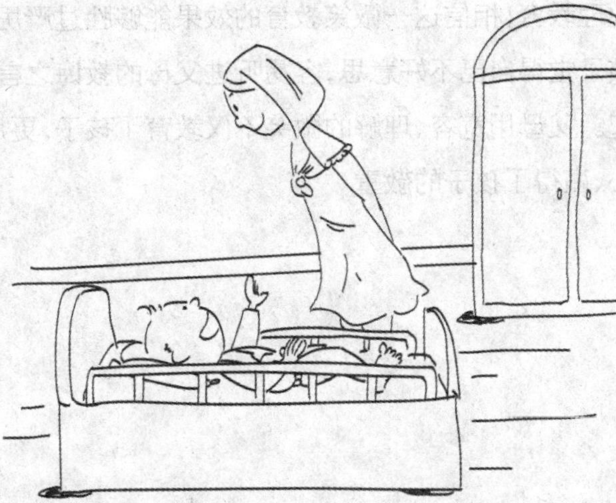

自己的影子,所以,家长的言传身教意义重大。0~3岁的婴儿,可能由于父母的微笑奠定开朗乐观的性格,并从小养成良好的习惯;3~6岁的幼儿,可能因为父母微笑的关爱而懂得与人分享、关爱他人、珍惜生活;入学后的孩子,更会因获得父母的微笑而感到快乐、坚强、更加自信。可以说,父母的微笑、平和的心态是培养孩子阳光般性格和心灵的重要保障。

很多父母在教育孩子的时候经常忽略对孩子的鼓励,还常常抱怨孩子缺乏主动性和积极性。其实,孩子是在等待父母的微笑和夸奖,且他得到了自己想要的来自父母的微笑,他就会以积极性作为对父母微笑的最好回报。

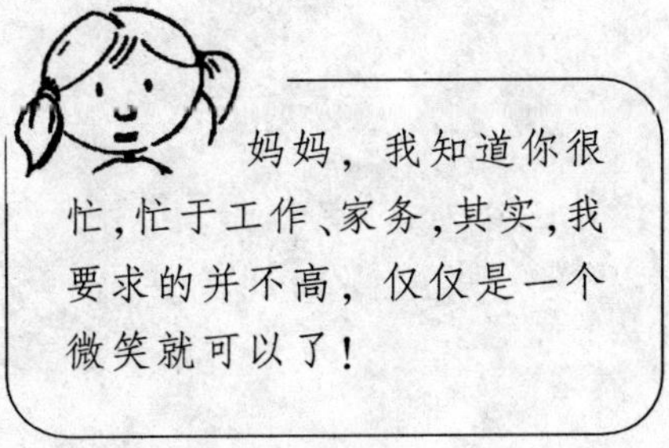

父母的微笑能够带给孩子力量与信心,传达信任与理解,蕴含真诚与关爱,代表支持与赞许。当孩子淘气、犯错误的时候,严厉斥责容易激发孩子的对抗情绪,让原本可以和平解决的问题逐渐升级,不是孩子据理力争、脸红脖子粗地对父母大声辩

驳，就是父母捶胸顿足认为孩子“反了”。如果父母能够以微笑的平和状态对孩子进行说理教育，相信这一微笑教育的效果能够胜过严厉的训斥，让自觉理亏的孩子觉得自己不好意思，容易听进父母的教诲之言，连逆反心理也无从谈起。父母用宽容、理解的微笑不仅教育了孩子，更用这微笑赢得了孩子的心、赢得了孩子的敬重。

3～6个月,对妈妈有特殊情感!

第4章

反应集中于熟人阶段

3～6 个月的孩子开始认识经常照顾他的人。当照顾者出现时，他会眉开眼笑、兴奋起来手舞足蹈，而看到他们离开时，又会显得忧伤、不开心。这种对父母或照料者的依恋情绪，使孩子感到安全，由此他才敢伸出双手去探索周围的世界。

【此时的他对其他人仍是友好的，但对母亲或照顾者的反应越来越频繁，并会做出专门反应，如张开小手，或眼睛紧盯着妈妈，表现出企盼的样子。】

【当妈妈或照顾者突然离开他时，他会产生惧怕、悲伤等情绪。】

【他能听懂大人严厉的或亲切的声音，见到亲人就笑，并伸手要抱，害怕陌生的环境、陌生的人。】

他开始有分离焦虑了

【分离焦虑指婴幼儿因与亲人分离而引起的焦虑、不安、或不愉快的情绪反应，又称离别焦虑。】

孩子6个月的时候，已经能够敏锐地辨别熟人和生人，知道“认生”了。他开始害怕陌生人，而且当他和亲人分开时，特别是和妈妈分离时，会表现出明显的不高兴甚至哭闹不已；还不能走路的10个月大的孩子看见妈妈穿上衣服、拿起挎包要出去买东西时，会望着妈妈立刻撇着嘴大哭起来，还会伸出双手像要向妈妈扑去；而已经学会走的15个月左右的孩子则会赶紧跑过去搂住妈妈，抬头伸手要妈妈抱，希望妈妈留下或是能和妈妈一同出门，如果妈妈关上门走出去，他就会立即放声大哭……孩子的这种反应就是分离焦虑的典型表现。

分离焦虑一般出现在一周岁之前，将一直持续存在于孩子的整个婴儿期和学前期。一些心理学家认为，孩子可能从亲人那里学会害怕分离。孩子的一些如饥饿、疼痛、湿尿布等不舒适的感觉会随着亲人的离开而增多或加剧，孩子会把自己感受到的不愉快或痛苦与亲人不在场联系在一起，表现出“条件性”的焦虑。

还有的心理学家认为，除了孩子自身的经验之外，环境的巨大变化、生活规律和习惯的改变等诸多原因都会使孩子产生心理焦虑。比如，刚和家人分离进入幼儿园学习的孩子，分离焦虑一般比较明显，会引起生理上的应激反应而出现抵抗力低下、容易出现易感冒、发烧、头痛、腹痛腹泻等问题。

◎分离焦虑与孩子的不安全感密切相关

嘉宝两岁半时开始上“家庭式幼儿园”，在刚到家庭幼儿园生活时，每天上学路上都是开开心心的，可一到幼儿园门口眼睛就红了。开门迎接的主班老师把她抱进教室后就开始撕心裂肺地嚎啕大哭，我在门外听得心惊肉跳。不过仔细倾听，她一般哭5分钟左右就没声音了。我躲在墙外远远观望，在老师的安抚下，嘉宝脸上挂着泪珠却已经和小朋友们玩了起来。

我坚持在送她去幼儿园的路上和她提前约定“妈妈一定准时接你。”把她交到老师手中时亲亲她的脸蛋就赶紧夺门而出。尽管如此，几乎每天送到园里她仍然会大哭几分钟。但十多天过去了，她已经逐渐习惯了每天有规律的幼儿园生活，也确定了妈妈是不会丢下她，总是会按时来接她。当一切成为习惯之后，她的分离焦虑自然就逐渐消除了。不仅每天开开心心地上学，到了周六日还很郁闷：“怎么还不送我去幼儿园？我都画好的一幅画要给好朋友明明看呢！”

就嘉宝个人而言，她产生分离焦虑的主要原因是对幼儿园的环境不熟悉、没有和我如此长时间分开而出现的不安全感有关。分离焦虑的出现与孩子的不安全感密切相关，是孩子离开赖以依靠、信任的依恋人时出现的情绪反应，虽然焦虑紧张的强度会随着孩子的年龄增大呈现逐渐减弱的趋势，但在这个相对于整个人生只占很小比例的生命阶段中，分离焦虑对孩子将来的生活和社会化交往却产生了非常重要的作用。

◎正确对待孩子的分离焦虑

孩子与亲人，特别是妈妈之间的依恋关系影响着孩子的社会化发展，孩子与妈妈分开而产生的心理情绪波动也会直接影响孩子与他人相处的状态。如果妈妈忽视孩子的分离焦虑感而轻视甚至漠视孩子的心理需求，孩子会把不安、不愉快的情绪外化到日常生活中，降低智力活动的效果甚至会影响将来的创造力和对社会的适应能力。而如果妈妈太过注重孩子的分离焦虑情绪，在生活上过多地限制或影响孩子的自我发展和自理能力、人际交往能力的锻炼，也会使孩子产生更大的心理恐惧，加剧分离焦虑。

所以，你要了解孩子产生分离焦虑的原因，在满足孩子对安全感的需求的同时不过分关注孩子的焦虑表现，要尝试借探索环境的方式促进孩子自我独立能力的发展。

你可以这样做：

【逐步培养孩子独处的能力，让他逐渐适应分离。】

【在生活细节上给予孩子适当的协助而不是完全代劳、在必要时要坚定地离开、积极给予孩子认同和拥抱。】

【对于刚上幼儿园的孩子，不妨提前带孩子到幼儿园参观或参加一些亲子活动，让他熟悉并认同新环境。】

【下班之后尽量多和孩子玩耍拥抱，让他充分释放压抑一天的情感，让孩子体会到重聚的快乐。】

【鼓励孩子多结交朋友，让孩子学会信任别人并逐步克服认生、怕生的心理阻碍。】

这些方法能够有效地化解孩子的分离焦虑，使孩子对父母的行为及动作依恋逐步转变为日趋成熟的心理依恋。

保证固定的抚养人

孩子会和照顾者形成依恋关系，这种依恋关系能够让他有安全感，并且敢于探索周围的事物，是孩子正常心理发育所必需的。那么，谁应当成为孩子的固定抚养人？普遍认为妈妈是固定抚养人的最佳人选，事实证明孩子确实更愿意和妈妈呆在一起，从妈妈身上获得安全感和满足感。但是，现实情况却不得不让妈妈们思忖再三——工作和育儿如何两全。妈妈既舍不得孩子又不能不工作，在面对两难的问题时，有的妈妈为了工作不得不把孩子交由老人或保姆照料，由第一抚养人退居二线；而有的妈妈则在前思后想之后毅然辞职陪伴孩子直到孩子 3 岁进入幼儿园才重返职场。

作为妈妈，如果你必须要上班的话，一定要给孩子找一个能跟他建立亲密关系和依恋关系的抚养人，这样才能让孩子健康成长。在选择并确定固定抚养人之前，最好提前让孩子和抚养人建立感情，让他在心理先接纳他们。你可以和固定抚养人（比如，爷爷奶奶、保姆等）共同照顾孩子一段时间，让孩子有心理过渡时期，这样你上班之后孩子才会自然而然地把依恋转移到固定抚养人身上。

【即使你每天十分忙碌，也一定要想办法让孩子知道你每天都关心着他，尽量减少孩子情感上的失落，每天都要用一定的时间陪伴孩子。】

当固定抚养者确定后，就不要频繁更换。现代的家庭中，爷爷奶奶、外公外婆照顾孩子的模式比较多。你应当尊重并珍惜老人的付出，要知道老人并没有任何义务为我们照顾孩子，他们完全是出于对小辈、儿孙的爱才会舍弃安逸清闲的晚年，甚至被迫与老伴分隔两地来照顾孙辈。同时，你也要注意和老人保持沟通，谅解老人的育儿方式，同时也妥当地表达自己的教育理念。当看到老人的教育方式和自己迥异或者背道而驰时、当自己与老人在生活方面产生摩擦时，首先想到的不是立刻“换人”，而是努力尝试主动与老人交流，谅解老人的习惯。

对于孩子来说，频繁更换已经固定的抚养人显然是很难在短时间内接受的。已经形成的依恋被突然打破，又需要更多的时间重新与新的抚养人建立安全的依恋关系，在建立过程中很容易使孩子产生焦虑或恐惧，不利于孩子的身心发育。

（更换固定抚养者，会让他无法适应！）

比如，当孩子慢慢长大，他会发现已经习惯睡觉之前听奶奶讲下乡的

故事，突然换成外婆之后，外婆浓重的方言会让他很不习惯；已经习惯了奶奶做的饭菜，又需要时间适应外婆的口味，这些“磨合”对于孩子来讲就直接意味着“烦躁”、“不安”。

所以，无论是出于照顾孩子情绪的目的还是尊重老人的目的，你都要体谅老人的付出，包容老人的“过时”和“守旧”，赞美老人精心制作的饭菜和整理的家务，并且适当在言语和行动上对老人多加关怀。这样一家人的关系才会其乐融融、和谐美满，孩子也能在这样和睦的环境中获得足够的安全感，性格也不会变的暴戾乖张。

妈妈的“敏感度”

妈妈能够敏感地察觉和回应孩子的信号与节律是形成安全型依恋的关键。那些在负责任的、敏感的、充满爱心的妈妈照顾下长大的孩子常常是安全型依恋的人，通常能很好的沿着社会化目标顺利成长；而在一些对孩子不负责任感，或者比较粗心的妈妈照顾下的孩子则容易对妈妈产生不安全的依恋，长大成年之后会出现各种不适应社会的行为。有的妈妈的行为不恰当，不能满足孩子，总是打断孩子的节律，给孩子的信息不是过多刺激就是完全拒绝，比如，他困了的时候，你非要逗他玩耍；他对你咿呀嘟囔的时候，你却转过头视而不见，这样都会使孩子形成不安全型的依恋。

作为妈妈，除了在生活上照顾孩子，更要建立对他的“敏感度”，努力和孩子建立一种正常、健康的心理依恋和心理联结关系。

有研究表明，妈妈是否敏感是区分安全型依恋和不安全型依恋的重要特征，较敏感的妈妈更容易和孩子建立依恋关系，因为她们比较能够了解孩子的需要和意愿，即使孩子还不会用语言表达，但妈妈却能够从孩子的肢体动作和面部表情了解到孩子的需求。如果你对孩子发出的信号做出及时、一致而适当的反应，并经常温柔地拥抱孩子，你与孩子之间依恋的安全性也多向正向发展。

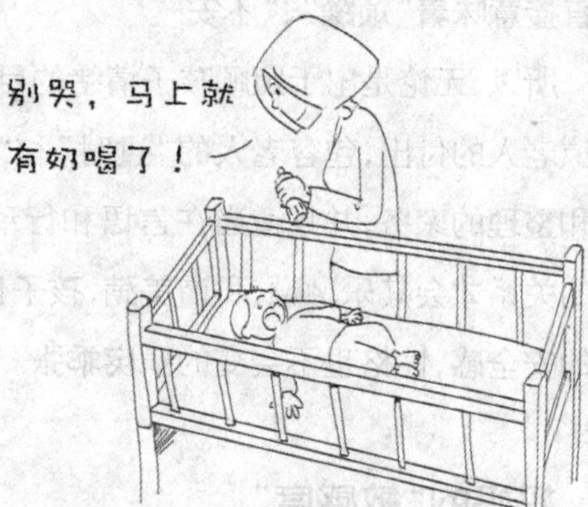

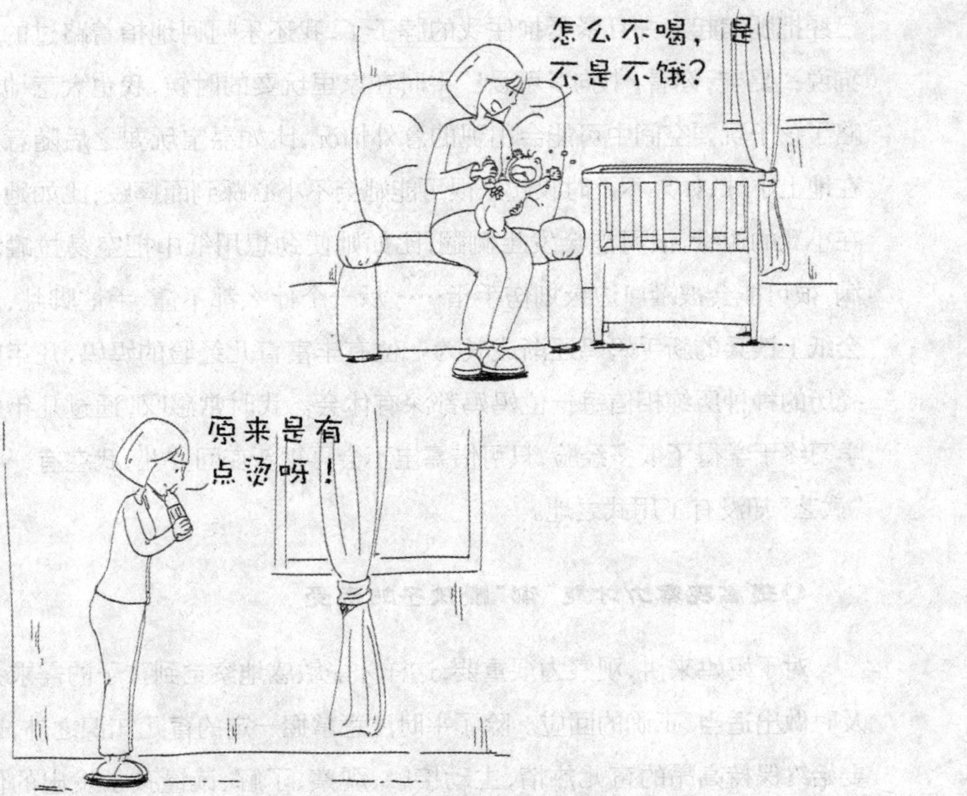

不过，生活中许多妈妈都是不敏感的妈妈，我也曾因为粗心而对嘉宝的种种表现“视而不见”，制造过一些马大哈事件。比如，在给嘉宝穿鞋的时候，一边穿一边扭头和别人说话，结果嘉宝很不爽地闹起来，低头一看，人家小朋友的大拇指还露在外面我就使劲塞鞋子了。最常见的不敏感事件就是兑牛奶和喂饭了。给嘉宝冲兑奶粉一向都是我的活儿，别看很简单，但却是一项关乎孩子温饱问题的技术活儿，来不得半点偷懒。一开始我兑牛奶常常把握不好水温，我自己尝着正合适，可对于嘉宝娇嫩的小嘴却是很烫，看到她使劲别过头去不吸含奶嘴，我还反应迟钝地费力思忖“咦？怎么不喝呢？是不是不饿？”

在提防潜在危险的方面我一开始也比较大大咧咧。分明感受到嘉宝已经把腿缩起来并且紧紧抱住我的脖子了，我还乐呵呵地指着路过的小狗说：“嘉宝，你看，小狗多可爱！”平时在家里玩耍的时候，我也大意地忽略了孩子玩耍空间中可能会出现的意外情况，比如嘉宝玩耍之后随意丢在地上小球，如果不及时收起来很可能她会不小心踩到而摔跤；比如她坐在小凳的边缘，很可能会发生侧翻；比如她使劲想用纸巾把空易拉罐填满，很可能会被罐口边缘划伤手指……从一个什么都不懂、手忙脚乱、只会纸上谈兵的新手妈妈逐渐成长为一位有丰富育儿经验的妈妈，几年间经历的种种历练相信每一位妈妈都深有体会。我时常感叹，通过几年的学习终于学得了很多经验，只可惜嘉宝不会再重新变回婴儿，我空有一身“武艺”却没有了用武之地。

◎提高观察力才能“读”懂孩子的感受

对于妈妈来讲，观察力很重要，这样才能敏感地察觉到孩子的需求并及时做出适当、正确的回应。除了平时注意掌握一定的育儿知识之外，还要始终保持高昂的育儿热情，主动接触、观察、了解、读懂孩子发出的信号，准确理解孩子言行背后的含义，才能做出及时的反馈。

对于具有回避型依恋倾向的孩子，妈妈更要注意这方面的提高。因为这种类型的孩子一般不善于用语言表达，常常欲言又止、不明确表态的样子让你很为难，因此你要更加注意提高自己对孩子在行为细节、表情动作上面的观察能力，在观察中揣摩孩子的意图，并积极鼓励孩子尽量用语言表达需求。

比如，你的孩子想去稍远一点儿的地方拿一个玩具，可他走了两步之后，又回过头来看着你。见你没有任何反应，孩子又走两步，停下来看你。这个时候，你一定不要忽视孩子发出的微小“索爱”信号，他是想表示“妈妈，我有点害怕，你能跟我一起来吗？”如果你忽视了他的行为并不予理睬，甚至催促他“你不是要拿玩具吗？还不赶快！”他就会感到很伤心，对

你不是要拿玩具
吗？还不赶快！

周围的世界感到更加害怕，更不敢独自探索，甚至产生对外界的抵触心理。

妈妈要提高对孩子的观察敏感度，注意到孩子的异常表现并思考孩子的意图，做出积极回应和鼓励。这样，孩子才能从妈妈的回应当中明白"妈妈是和我在一起的，不管发生什么事情，妈妈都会和我在一起。"他才敢大胆地去探索周围世界。

妈妈的情绪影响力

温暖、和谐、融洽的家庭氛围是让孩子形成安全依恋的必要条件。只有生活在团结、和睦、亲密的家庭中，孩子才能有安全的感觉，不仅在身体上感到安全而放松，在心理上也会得到宁静与平和。孩子才能在温暖和谐的家庭氛围中接触到其他家庭成员及更多的外人，才有利于孩子的人际关系发展。

妈妈为什么情绪不好？

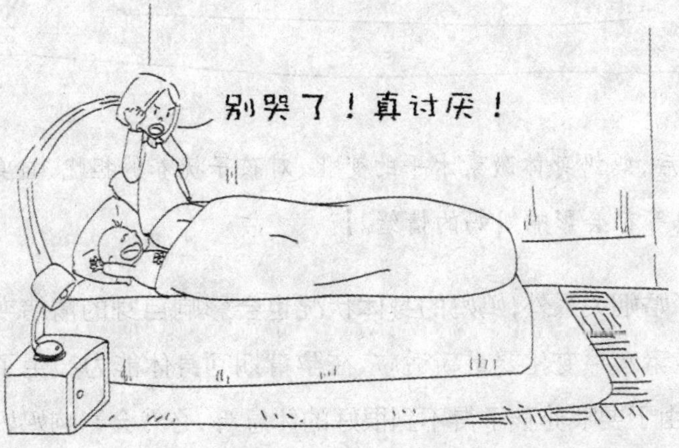

【婚姻关系会影响妈妈的情绪。】

婚姻关系及婚姻质量会影响双方的心理状态及整个家庭氛围，并会影响父母对子女的抚养行为和亲子互动过程，进而影响孩子的依恋风格。

在家庭中，如果家庭成员之间的关系十分融洽，孩子就能从生活琐事和家庭氛围中感受到安宁；如果孩子经常看到父母间发生冲突，听到父母高声争执或伤心哭泣，孩子会感到极大的不安和恐惧，幼小的心灵会就此埋下阴影。亲密的、相互信任的婚姻使妈妈对孩子更加敏感、更热情，而这种态度也影响孩子对父母的态度。

【产后，妈妈身体激素水平的变化、对孩子抚养的担忧、自身得不到良好的休息等都会影响妈妈的情绪。】

除了婚姻关系外，妈妈的身体状况也会影响自身的情绪变化。妈妈身体对激素水平变化要重新适应，在孕育期间身体能力产生了巨大的损耗，产后由于要喂养孩子得不到很好的休息等，必然会影响妈妈处理或平衡情绪的控制力。有不少妈妈在分娩之后患上抑郁症，非常情绪化，容易难过，并且会没有理由地哭泣，莫名其妙地焦虑和紧张，小小的问题，例如听到孩子哭泣，或家人一句无心的话，常会让郁闷妈妈非常烦恼、不知所措，或乱发脾气。要知道，妈妈的不良情绪会对孩子形成极大的伤害。

【妈妈从小受到原生家庭的负面影响，会影响妈妈对孩子的态度。】

还有一个影响妈妈情绪的隐蔽因素，那就是来源于妈妈原生家庭的因素。在妈妈成为妈妈之前,父母对她的态度在很大程度上也会决定她将来是一个什么样的妈妈。比如,妈妈会因为年幼的孩子摔破了水杯而对孩子大吼大叫,或一阵暴打,打起孩子来停不了手,连她自己都害怕,打完孩子心情平静之后再看到孩子可怜的样子又非常后悔。在排除了婚姻质量、身体状况、经济压力等因素之后,才蓦然发现,原来这样在极短的时间内情绪急转而下出现“暴风骤雨”的妈妈,和她小时候的原生家庭息息相关。因为在自己做女儿的时候父母对她要求严格,会因为自己做不好事情或上学磨蹭就一顿暴打,而当她成年之后生儿育女,就会在潜意识中对以自己妈妈要求自己时的样子来要求自己的孩子。亲身体验之后明知自己的妈妈那种育儿方式很不好,不想自己变成妈妈那样的人,可不知不觉中自己就变成妈妈那样的人了,对待自己的孩子就像当年妈妈对待自己一样。其实这也是妈妈在婴幼儿时期受到了严厉、苛刻甚至暴力的家庭教育之下产生了对父母的不安全依恋的结果的延续。

妈妈要经常提醒自己不要受原生家庭的负面影响,平时多看一些关于育儿方面的书籍,注意把关注的目光适当地从孩子的身上分离一些,这样比较不容易被孩子“气”到。

3~6个月的孩子除了哭(他的哭闹一定是有原因的,比如饿了、要换尿布了、感到不安了等),一般不会主动惹到你生气。倘若你情绪不好,一定是自身的问题,请不要迁怒于孩子。即使当孩子慢慢长大,特别是孩子到了三四岁处于第一叛逆期的时候,妈妈也要控制自己的情绪。无论是冷淡忽视还是打骂都不会解决任何问题。

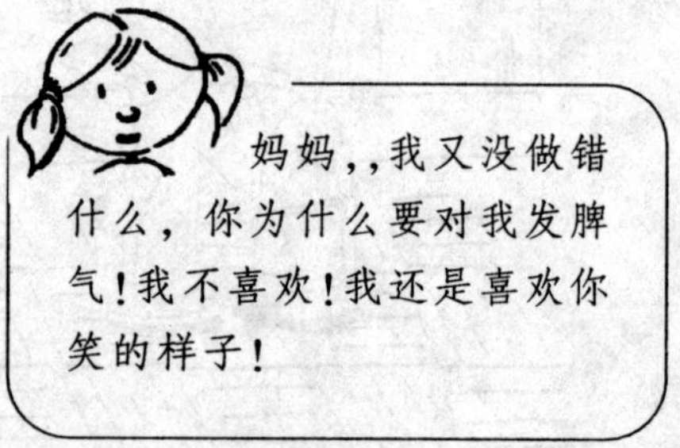

记得有一次嘉宝无理取闹,我特别生气,不断地给她讲道理,最终发现完全是对牛弹琴,哭闹中的她压根听不进去我说的任何话,还会以顶嘴

的行为不断冲击我濒临失控的心理防线，她继续嚎啕大哭，我也越说越生气。

我承认我曾经拍过嘉宝的屁股，当时越打越气愤，觉得我这么辛苦、这么爱她，她却一点都不体谅我这个当妈妈的心，感到特别悲哀和愤懑。当平静下来看到嘉宝雪白的屁股上清晰可见的五指印时，听到她一点也

不记仇地甜甜地呼唤我时，看到她一本正经地向我坦白错误时，我后悔极了。

我意识到成年人在情绪激动的时候都听不见任何意见或建议，更何况正在哭闹的孩子？其实我说的那些道理她都懂，但孩子也有面子，也正在气头上，所以就和我对着干了。所以在以后的日子里，我看到她出现了容易让我动怒的错误时，我第一反应是先告诉她那样做我会生气，然后明确表示给她时间想问题或是哭闹，等她想通了、闹够了再来找我，而我就安安心心地做自己的事。

无论你的孩子多大，无论孩子做错了什么，都请尽量平衡并控制自己的情绪。任何人都有情绪，孩子也不例外，如果硬碰硬地在孩子情绪大变的时候不遗余力地想要说服教训他，最后的结果只能让自己更加愤怒。

6 个月 ~3 岁，他的情感需求越来越多

第 5 章

特殊情感连接阶段

孩子对于特定人的偏爱变得越来越强烈。由于孩子运动能力的发展,他们可以去主动接近亲近的人并主动探索环境。他们把妈妈或看护人作为一个“安全基地”,从这个“基地”出发,去探索周围世界。

当他们感到需要安全时,就又返回到妈妈身边,然后再进一步去探索。在这个阶段,孩子不但形成了分离焦虑——离开妈妈时感到不安,而且形成了陌生焦虑——对陌生人的谨慎与回避。他们以反抗、紧握、恐惧等方式对待与妈妈的分离。

被忽视的依恋需求

【当他学着你自己用毛巾擦脸时,他的脸上会扬起成功的得意。这时,你的注意力往往会在“快点给他洗完脸”上,而忽视了他需要你及时

给予他"肯定"。】

【当他在独自玩耍中发出轻声的求助时,你可能会因为手头正在进行的事,或觉得他不会有什么大事,而没能去及时地搭理他。其实此时他的求助内容中,有很多是来自情感方面的。】

让“情感库存”积聚正能量

一个孩子的书写极其糟糕，不仅字迹大小不一，还歪歪扭扭、笔画粘连。妈妈看了孩子的作业本特别生气，正准备把写得尤其丑陋的字指出来责怪孩子时，突然控制住了自己的情绪，转而指着其中一个还算能够辨认的字对孩子说：“你看，你的字越来越有进步了，特别是这个字，写得多好！要是所有的字都像它这么工整就好啦！”孩子受到了鼓励，对自己更加有信心，每天完成作业之后都坚持练字。虽然他的字在很长一段时间里横不平、竖不直、字体结构失衡，但妈妈一直鼓励他并支持他练习，哪怕每天只有十分钟练字时间，妈妈都会陪他认真写完几十个字以后再做自己的事。

两年以后，这个在班上字写得最烂的学生竟然获得了全市中小学硬笔书法大赛的三等奖。

这个孩子是我的一个学生。我至今还保存着他当年写的比中医大夫开的药方还要“厉害”的“神迹”。我为他有那样聪明的妈妈感到欣慰,如果当时他的妈妈指着歪七扭八的字对他一阵“狮吼功”,估计这个孩子就写字这方面来讲仍然还在撰写“蚯蚓文”。

这个孩子的妈妈带着欣赏的眼光看待孩子、以支持的心态协助孩子的教育方式值得我们深思。

心理学中有个术语叫“情感库存”,它是指人的一生喜怒哀乐记忆储存的综合,在童年、青年时代的情感库存,不管是正面的还是负面的,都会陪伴我们一生。正面的信息会让我们思路清晰、快乐友善;负面的信息会让我们思维混乱、情绪波动、缺乏自信。当你对孩子不断地灌输“你行”“你可以写好”的信息,孩子就会逐渐受到心理暗示认为“我行”“我不是已经写过一个很好的字吗？那其他字我也一样能写好!”如果当你指出他写的字丑陋无比,就会对孩子的头脑注入“你不行”“你写字就只能这样了”,孩子就会产生“我不行”“即使我练习、即使我努力改变,仍然是不可能写好的”这样的想法,他就会产生自卑感和挫败感,更丧失改变现状的动力。

你是否经常对孩子这样说:

父母的欣赏和支持对于孩子来讲是多么的重要！很多家长对待孩子取得的进步、付出的能力却常常以“嗯,挺好”的语言进行敷衍,或是用“哇塞,你太棒了!”的空话来回应。对孩子一些看不到的成长表现和成绩视而不见,却只关注到一些孩子正在努力尝试改变却又改得不够好的“缺点”之上,比如“唉,这么简单的事情都做不好。”“笨得像猪,整天就知道吃玩和睡!”这些话都会让孩子敏感的心受到打击,会因为你的冷淡回应而变得渐渐疏远,最终孩子会因为缺少你的鼓励、肯定、欣赏和支持而变得急躁,对自己失去自信。

家长不要对孩子身上的毛病和不足大惊小怪，要了解再优秀的孩子身上也存在缺点，再顽皮的孩子身上也会有优点。我们一定要学会用欣赏的眼光看待孩子，用和孩子一起成长的心态支持孩子，和孩子共同进步。

作为妈妈，你可以这样做：

1. 理解孩子。

欣赏并支持孩子的前提是在思想上理解孩子，具有同理心，只有体会到孩子所面临的困难和问题，看见了孩子做出的种种努力，才会发自内心地对他欣赏和支持。

比如，你觉得孩子握笔姿势不正确，那么你要先看自己的握笔姿势是否正确。当你拿着铅笔写着写着姿势不知不觉偏离原来的姿势时，你就会体会到孩子当时的状态和心情。比如，你怨孩子太懒，连放在桌子上的书都不愿意拿，还需要你来帮忙拿，如果你以孩子的高度看，根本就看不到那本薄薄的躺在桌子上面的书。

2. 别太在乎结果。

当你听说自己孩子是全班吃饭最快的小朋友时，你会一面露出微笑，

一面竖起拇指表示赞赏。这样的举动无疑是在告诉他“你得了第一，值得表扬，妈妈为你骄傲。”孩子会把得第一与获得你欣赏的举动联系在一起，以至于每次吃饭都为了得到“吃饭第一”的名号而狼吞虎咽。这样不仅影响他的身体发育，还会让他产生患得患失的心理压力，害怕得不到第一父母就会不开心。

如果你把欣赏的目光更多地放在孩子努力的过程上，就不会使他对你的表扬和赞许产生曲解或误解。你要让孩子知道，得不得第一没关系，关键是你很为他不挑食、认真进餐感到高兴。孩子会知道只要自己认真吃饭了，就是值得表扬的孩子。让孩子明白，这件事情或许我做得不太好，但我会努力，爸爸妈妈就会认为我很棒。

【如果你能肯定孩子帮你做事的出发点,欣赏他不怕脏不怕累的表现,同时善意地提出一些建议,感到自己提不动就放下让大人提,或者提一些轻小的垃圾。你的欣赏和肯定会让他倍受鼓舞。】

【如果你因为他把事情办砸了而不断地抱怨,那么肯定会打击他的积极性,或许他会出于保护自己的目的,以后都不会主动帮你做任何事了。】

3. 具体地夸奖孩子。

“嗯,挺好!”“行,不错! 知道了!”没有妥当的理由或具体的事例来欣赏孩子,孩子会认为你欣赏时说出的每一句话都是一个形式,仅仅是敷衍自己的方式,只是为了欣赏而欣赏。所以你应当话有所指,让孩子对自己具体做的事情有正确的认识并得到指导,明白自己真的做得好才博得了你的赞许。

找到夸奖的具体的事例并不难,只要用心就能通过观察发现孩子在细节中值得欣赏和表扬的闪光点,并通过语言或肢体语言的形式让孩子获得肯定的欣赏和支持,孩子就会信心倍增,越来越自信,更会和父母建立牢固而安全的亲子依恋关系。

关注孩子的各种情绪

嘉宝在幼儿园学了一首儿歌自己念不出来非逼我念，或是同学给她讲了一个故事记不清主角名字非逼我回忆，她总是把我当作和她如影随形的阿拉丁神灯，仿佛随时随地我都能显神通一样。

我曾经形容嘉宝：“有时候前一秒钟都好好儿的，可下一秒钟却突然180度大转弯，像变了个人似的，我说什么她都觉得不好，不知道哪根神经短路了，跟间歇性精神病一样。”这么形容她突如其来的转变有些不恰当，但我当时的感受的确如此。孩子的情绪变化说变就变，汽车拐弯还打

妈妈，我要听《喜洋洋》的歌，你唱给我听！
我根本就不会唱！
我没听过呀，不知道！
妈妈，迪迪说的那个故事中的小孩叫什么名字？
你会唱，你知道！

转弯灯了，她可倒好，直接拐弯还不带踩刹车，完全不理会我们以正常思维行驶的大人。我想，几乎每一位妈妈都曾经或正在被孩子起伏不定的情绪搞得莫名其妙、郁闷抓狂。

在处于毫无头绪、无法招架的境地时，你是怎么做的呢？认为孩子是故意捣乱，对孩子严厉批评甚至祭出“五指山”猛揍孩子的小屁股？在百思不得其解之后对孩子说“你哭够了再来找我！”就转头做自己的事，把孩子一个人晾在房间？面对孩子的无理取闹还会忍不住掉眼泪，联想到自己抚养孩子的心酸苦痛感到特别伤心？

嘉宝在幼儿园画了一副画，刚出校门就央求我打开书包拿出画来欣

赏。她一脸的期待和得意，完全不会考虑到校门口人头攒动，我们得赶紧离开拥挤的地方，即使要把画拿出来欣赏也应该到比较安静的开阔地带。在我的敷衍和催促中，嘉宝的热烈邀请没有得到我的回应，她感到郁闷烦躁，心里原本开心的情绪渐渐被委屈取代。等到了开阔地带我主动表示愿意打开书包找出她的作品时，她却一把抢过书包紧紧捂住，说：“刚才让你看你不看！”虽然我三言两语把刚才的情形对她进行了简明扼要的分析，也很快得到了善解人意的嘉宝的谅解，但整个过程中她的情绪由好到

坏的变化是显而易见的。

◎观察变化——寻找原因——找到对策

很感谢嘉宝小朋友把我视为有求必应的“万能妈妈”，但实际上我只是一个普通的、偶尔被逼急了脾气还不太好的妈妈。每个孩子都是独一无二的，如果妈妈能够对孩子的表现保持一定的敏感度，对孩子的情绪波动变化有所了解并掌握规律性，那么我们在和孩子相处的过程中就会变得融洽。

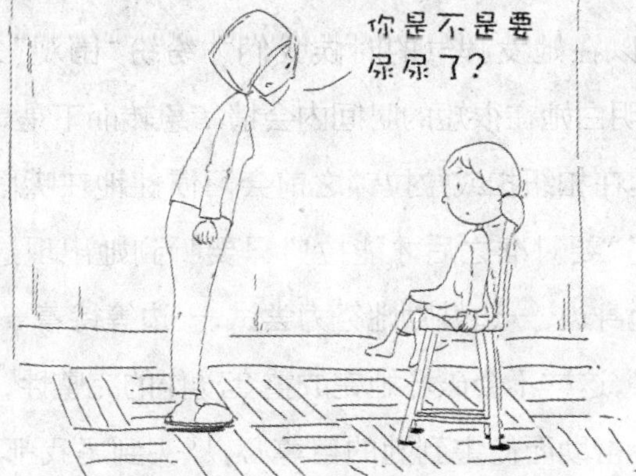

比如，通过长期的观察，我发现嘉宝坐在凳子上时不时挪动屁股，就表示她尿急了，但又舍不得占用一丁点玩耍的时间来解决这么要紧的问题。以前，她总是已经尿湿裤子了才开始嚎啕大哭，好像先哭来吓唬，我就不会因此找茬使得，使得我常常如临大敌地准备给她换尿湿的裤子，特别是带她出门玩耍的时候。渐渐地，我总结了一些经验，只要看到她挪动屁股我就明白该提醒她小便了。

又比如，她竭力想自己扣纽扣或拉拉锁，如果几次都不能顺利达到目的她就会把衣服丢在一边然后大发脾气，在整个过程中她不会主动要求大人的帮助，所以在她发脾气的时候我们才纷纷“围观”却常常莫名其妙。渐渐的，我明白她在很短的时间内会情绪急转而下是事出有因，而且通过观察发现她在扣纽扣或拉拉锁之前会习惯性地在嘴里念叨“赶紧进这个小洞洞啊！”“要对准之后才能拉！”只要听到她出现这样的话语，我就会很快蹲在她身边，一边鼓励她努力尝试，一边等待着一有机会就帮助她拉住衣服下摆，这样不会破坏她完成整套动作的完整性，也不会以明确的行动予以实际帮助而伤害到她的自尊心，从头到尾我都不会触碰那些让她郁闷无比的纽扣或拉锁，但拉住衣服下摆之后却能够起到显著的帮助效果。

所以，家长要注意关注孩子的各种情绪，了解到孩子出现情绪波动是有某些诱因的，然后找到诱因并及时去除，就可以防患于未然，让孩子的坏情绪提前被化解。对于孩子出现的一些表现为兴奋、高兴的好情绪，家长也要积极“配合”，不要做无动于衷的局外人，这样很容易让乐于与别人分享情绪的孩子感到很不愉快，很容易把好情绪在很短的时间里变成坏情绪。

◎用温和态度帮孩子建立稳定生活秩序

在平时，家长要注意观察孩子的行为，把握他的习惯性倾向，就像嘉宝有便意时的固定动作或扣纽扣时的习惯用语一样，掌握了这些习惯性倾向就能及时引起自己的注意，并耐心和孩子一起面对并解决。

我们要根据孩子的特点安排作息时间，帮助他建立相对稳定而有秩序的生活程序，有助于稳定容易变化的情绪。

在和孩子进行交流的时候，家长也要注意自己的态度，尽量温和地对待孩子，少使用一些可能导致冲突的语言，这样可以避免挑起孩子的对抗情绪。

幽默不仅仅表现为一种艺术手法，更是一种高明的教育手段。如果你用幽默的方式和他沟通，这就会使很多问题迎刃而解。

比如，准备开饭了，你提醒孩子应该去洗手了，可孩子正玩得高兴，显得不太乐意，你最好不要命令式地喝斥他：“快去洗手，吃饭了！”也不要强硬地勒令孩子立刻停止正在进行的游戏活动，那样不仅孩子听不进任何建议反而还会引发一场持久的对抗战。这个时候你可以换一种孩子乐于接受的方式，先给孩子一个缓冲的心理准备时间，提前五分钟告诉他给收拾好玩具吃饭了，并且以轻松幽默的口气对他说：“有好吃的喽！赶紧洗手哦！再不洗手只能吃空气了哦！”听到你的提前预约和幽默呼唤，他怎么还会以不理不睬或哭闹烦躁来回应呢？

他的异常索爱信号

心理学家阿德勒和杜莱克斯认为，孩子对父母的索爱内容无非包括以下 5 个方面：有安全感、被爱与被接纳、有能够融入某个群体的归属感、自己的行为受到别人的肯定、能够逐步独立并担负责任及依靠自己的力

量做决定。

当孩子感受不到这5点时，他会有产生负面情绪，变得烦躁、激动或消沉，可能会产生一些不良的行为或异常行为。所以，家长要在日常生活中注意观察孩子的种种表现，关注孩子发出的异常信号，了解孩子的情绪变化原因并及时做出调整和回应，帮助孩子走出低迷的情绪。

◎异常信号1：反复折腾以寻求你的关注

嘉宝刚开始自己睡觉的时候，有一段时间每天关灯睡觉之前总是要

求喝水，过一会儿又要求上厕所，一会儿又哼哼“把对面房间的灯打开！我害怕！”我们被她反复折腾搞得很心烦。有几次反复问她：“还有什么事吗？没事就睡觉吧！”她很肯定地说：“没有了。”可我刚双手沾满洗衣水她就大声地在房间里喊叫：“我要那本你念过的故事书。我不看，你就放在床头好吗？”或是“我还想再喝一点水。”（你自己下床拿杯子喝啊！）“我害怕……我找不到鞋子了！”每每这个时候我就强忍心中的怒气，擦干净手为她“服务”，虎着脸告诫她“我马上要洗澡了，爸爸不在家，现在有事情就赶紧说，一会儿我洗澡了听不到。”嘉宝算是“知趣”的孩子，明

白了我快要“爆发”了,所以这个时候会赶紧安静睡觉。

后来我了解到,原来她想我尽可能多地陪着她,尤其是睡觉时独自在较黑的环境中,会觉得被孤立而缺乏安全感,更会对大人产生强烈的依恋,为了引起我的关注又担心受到批评她才会有这样的表现。

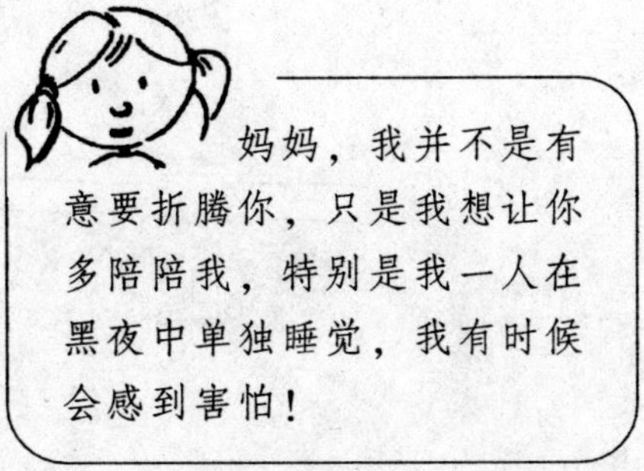

所以我每天下班回家做饭吃饭以后,到睡觉之间的两到三个小时就会完全交给她,和她一起画画、做小实验、看书、学认字、观察植物等等,在她睡觉时为她开着小夜灯,等她睡熟之后再关掉,当她获得了足够的安全感之后,这些折腾就渐渐消失了,不用开夜灯也能睡得很快了。

所以,如果你发现自己的孩子做了一些冀图引起你注意为目的的行为时,不要马上因为感到烦躁就立刻对他进行提醒或好言劝说,这样就刚好达到了他追求注意的目的。他很容易会把这种“得逞”的经验反复使用,以求得你更多的注意,而是要避免在孩子寻求注意时立刻给予注意,不要有求必应，尽可能忽视不良行为，应当在孩子没有预料到或在他无意引起注意时再给予正面的关注。

◎异常信号2：与你作对以寻求你的关注

孩子常常在吃饭这件事上让人头痛。他不好好吃饭，即使你想尽办法，软硬兼施地强迫他也不管用。于是，为了让他吸收到营养，你不得不端着饭碗跟在孩子屁股后面追着喂饭。

在吃饭问题上，西方的父母就做得很好。他们也关心孩子的饮食，但从不强逼孩子多吃饭。从孩子能够拿得动勺子那天起就开始自己吃饭，哪怕孩子弄得满脸满身，爸爸妈妈也不会在乎。

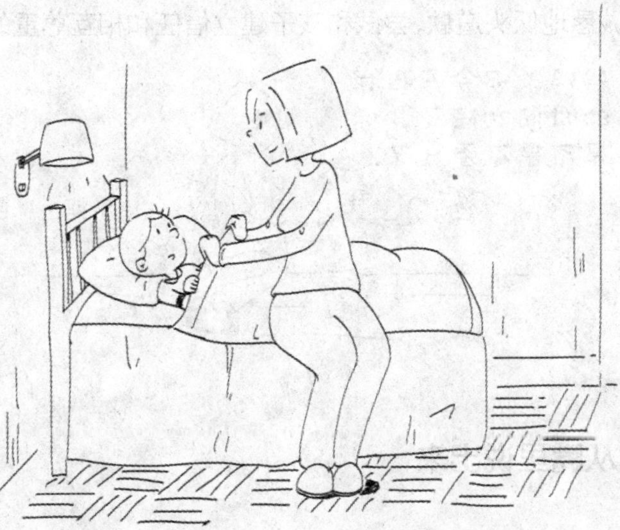

【孩子的这种不吃饭，“作对”、“倔强”的行为看起来是对父母权威的挑衅，但实际上却包含了他具有不安全依恋的焦虑情绪联结，具有反抗型依恋的特质。孩子在自主意识萌芽并逐渐发展的过程中最容易出现这种对父母既敬畏又怨愤、既依恋又害怕的纠结情绪，所以违抗父母命令或安排常常成为亲子矛盾的激化点。】

很多青春期的孩子在家里得不到父母的爱和接纳，他们就会把“反抗”变质为“报复”，明知父母最不喜欢什么却偏要那么做，知道父母不喜欢他们吸烟、喝酒、穿奇装异服，他们就故意这样做或这样打扮，以报复的方式和父母抗衡。

这类反抗权威的孩子其实内心是极需要被爱的，面对这样的孩子，家长要让自己平复心情从冲突中退出来，不要与孩子继续争斗或向他投降。事后在和他平等对话或是寻找时机故意请求他的帮忙、询求他的意见和建议，这让让他逐渐感到他是父母的同伴，是“自己人”，他就渐渐失去与人作对的目标和动力了。在孩子出现报复性质的行为时也不和他发生正面冲突，更不要以伤害来回报孩子，要打破报复的恶性循环。如果是父母做错了要诚恳地低头道歉，尝试和孩子建立信任和相互尊重的关系。

把爱从嘴里说出来

面对孩子撇着嘴、一脸很委屈的样子，你不禁纳闷了：每天都以孩子为中心、围着孩子连轴转，他怎么感觉不到你的爱？

对孩子的爱，不仅在行动上有所表现，有时候还需要说出来。你或许会质疑：“为什么爱一定要从嘴里说出来呢？我们的心到了，爱就到了，干嘛非要那个形式呢？”确实，我们对孩子表达爱的方式多种多样，包括像拥抱之类的亲密肢体接触、像微笑、注视等面部表情表示，还有为孩子考虑、

提前准备的事项和为孩子调皮捣蛋制造的麻烦的一些善后处理。这些都是父母对孩子爱的表示,但是,作为最详尽、最直接、最富有感情色彩的语言却往往被中国父母所忽略。

◎含蓄的表达容易让孩子忽略父母的爱

我在教学的过程中听到过一个真实的故事,感触很深,也正好回答了为什么父母一定要把对孩子的爱说出来让孩子听到的原因。

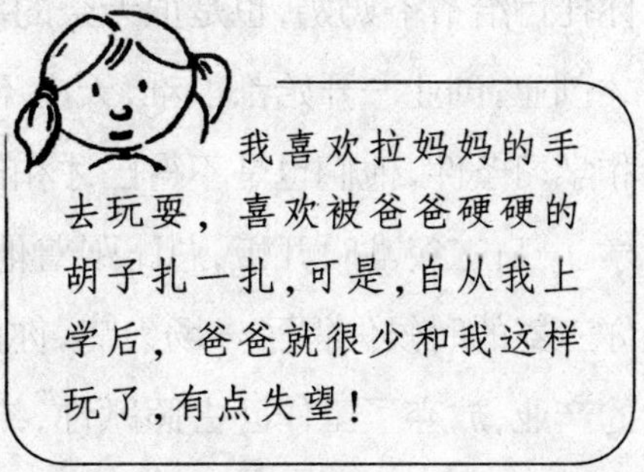

在我当高中语文教师的时候,我的同事吕老师告诉了我发生在她班上的一件事。

有一个插班的男孩常常表现出对同学、对老师的对抗和排斥,几乎不和其他同学玩耍,常常下课之后自己一个人默默地在座位上看书或者趴着睡觉。当别的同学有意无意触碰他或是打搅了他,他就会十分生气。同学们都对他敬而远之。

我的同事是一位很负责任的班主任。按理说这个男孩并没有影响老师们正常授课质量,考试成绩中等也不拖全班的后腿、老师安排的文体活动虽然不积极参与但也不会缺勤。但是，吕老师看到男孩低落的状态，出于教师的职业道德和善良的胸怀，她主动和孩子进行沟通。

一开始，男孩很抵触向老师袒露心扉。但吕老师多次表明态度，在平时也对他嘘寒问暖，“是石头也被捂热了”渐渐的，男孩也愿意和吕老师讲一些家里的事情了。

原来，男孩的父母忙于创业，从小就把他托付给老家的爷爷奶奶照顾。到孩子读高中时才把他接回来。父母的长期分离让男孩对双亲产生了很深的隔阂和误解，在男孩回到父母身边之后，他对父母很排斥，更对父母的管教十分抵触，处处跟父母作对，还常常把自已关在房间里，平时极少主动和父母说话。

在了解了男孩的基本情况之后，吕老师就逐步对他进行开导。当男孩忿忿地说：“他们根本就不爱我，一直把我扔在爷爷奶奶家。现在我长大了，又让我回家，我看到他们都觉得别扭，不想听他们的话，他们都不爱我，凭什么管我。”

吕老师和颜悦色地慢慢给这个男孩分析当时的情况：“你父母从小把你托付给爷爷奶奶，也是很无奈的事情。你们家以前条件不好，爸爸妈妈才创业，创业一开始都很难，天上不会掉馅饼，为了你有更好的生活条件和学习条件，他们也是不得已才和你分离，让爷爷奶奶照顾你每天准时上学、一日三餐准时开饭，总比跟着他们起早贪黑要强啊！”“你知道吗？在你三岁的时候你得了一场大病，你的爸爸妈妈立刻变卖了刚刚走上轨道的产业，放弃了工作回去照顾你，给你请最好的医生、用最好的药品。你喝下的三百多副中药，每一碗都是他们辛苦熬的，都是你爸爸妈妈对你的爱啊！治好你的病之后他们只要在此从零开始，可以说，现在你享受的这一切都是你父母辛勤劳动逐渐积攒下来的。”

男孩情绪有些激动，连忙问：“老师，你说的这些我怎么不知道啊？爸爸妈妈，包括爷爷奶奶怎么从来没跟我说起过啊！”

“你的爸爸妈妈把对你的爱都用具体的事情表现出来了，虽然嘴上没说‘我爱你’三个字，但他们是真的疼爱你，难道你没有在很多生活细节上感受过他们对你的爱的表现吗？”

男孩若有所思地低下头，眼里是闪闪的泪花。

这个男孩后来渐渐开朗起来，也能融入到同学的活动中了。我也很为我有这样负责、有爱心的同事吕老师感到骄傲。

孩子不知道，有一份炽烈、无私的大爱隐藏在了父母严肃的面孔下。这个故事其实正说明了父母在照顾养育孩子的同时，把爱从嘴里说出来是十分重要而且必要的。

◎对孩子的爱不妨也用嘴说出来

你心里爱孩子，希望孩子懂事、注意安全，变得更优秀、有出息，可挂在嘴边的却是唠叨和批评，会让孩子不满地认为父母眼睛里只看到他的缺点，甚至说“我真怀疑我是不是你们亲生的。”这样打击孩子的积极性、不注意安抚孩子的情绪，孩子怎么有信心变优秀呢？

孩子的心敏感而脆弱，需要你用语言、拥抱、亲吻来明确表达对他的

爱。爱孩子，就要明确地说出来，含蓄而不善言传的爱反而让他不确定自己受到的关心和享受的安全感。如果你经常向孩子表达爱，说出爱，可以很直接地拉近彼此的心理距离，也能让孩子更热爱生活、更有安全感，从而减少“问题孩子”的产生。你还能惊喜而欣慰地发现，把爱说出来之后，他也学会了如何去爱，会主动关心父母，并会对父母进行爱的回赠：“爸爸妈妈，我好爱你们啊！”

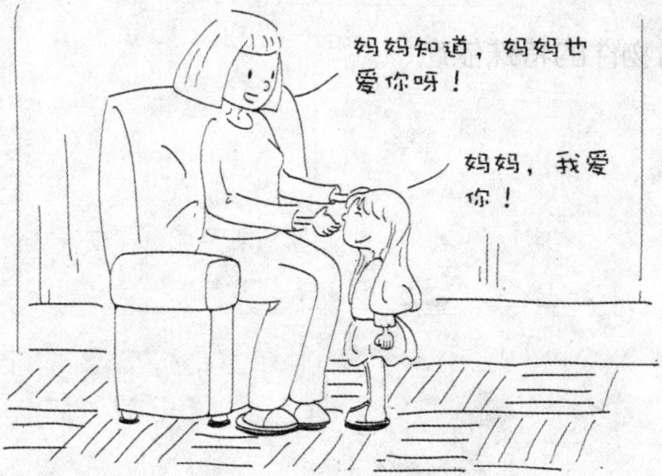

不让孩子感到孤独

【父母对孩子的心理影响力和心理控制力的大小，不在于父母挣钱有多少，也不在于父母智慧有多少，更不在于父母事业有多成功，只在于父母为孩子生命初期付出的辛苦有多少，在于父母在孩子依恋时期的陪伴有多少。】

他对物件的特殊依恋

【依恋物对于孩子来说，已经不仅仅是一个玩具，而是他们适应这个新世界的情感拐杖。】

一只已经严重脱毛的绒毛小狗是 4 岁逗逗的最爱。逗逗走到哪儿把绒毛狗抱到哪儿，连睡觉都搂着，甚至还带去了幼儿园。这只小狗俨然已经成了逗逗最最重要的心肝宝贝，就像他的手和脚一样，任何人都不能碰。

孩子“宝贝”通常五花八门、品种繁多。或许是他从小睡到大的小被子，到哪儿都拖着；或许是他那件有草莓图案的毛衣，软软的、香香的，抱着闻着一会儿就能睡着；甚至可能是你的耳朵当成了“宝贝”，他习惯摸捏爸爸妈妈的耳朵，睡觉时不摸着就睡不着。

研究人员发现，孩子在幼年时依恋的对象往往是那些柔软的物品，比如毛毯，娃娃，衣物等，当父母过于忙碌，不能有充足的时间陪伴孩子的时候，孩子就很容易把对父母的依恋转移到自己最喜欢的玩具或物品上。这些物品作为安慰物有助于孩子缓解独处时的紧张感并使他克服焦虑，适应与妈妈分离的过程。柔软而固定的某件物品特别能够在父母不在身旁的时候为婴幼儿提供安全感和温暖感。

然而，也有心理学家通过研究发现，多某件物品有过度依恋表现的孩子，长大之后很可能会影响他在其它方面的行为，像青春期出现的“恋物癖”、“性倒错行为”，或是“网瘾”等各种上瘾行为；有的孩子在成年之后仍然受到婴幼儿时期就存在的过度依恋情结的影响，导致在人际交往中不会处理亲密关系，过度依恋婚姻对象的问题；甚至老年时对子女过度依恋等等。有过度依恋问题的人一般在情感上始终不能独立，生活中也始终缺乏安全感，无法享受到生活细节带来的幸福感。

妈妈，不要抢走是我的小枕头。上面有你的味道。当我想你的时候，小枕头就如同你一样陪伴着我，它能给我精神力量，帮助我克服对环境的不适应而带来的焦虑。

◎不要对他的依恋物大惊小怪。

如果孩子只在特定的情况下，如睡觉时才需要依恋物，情绪、行为方面发育正常，家长一般不用干涉，可以顺其自然，不要主动提醒，也不要强行制止。不要表现出你不喜欢他的依恋物，不然会让他感到依恋物是不好的，而让他更紧张。如果你担心卫生问题，不妨买两个一模一样的依恋物，轮流换洗用。

◎更多的拥抱和陪伴

孩子离不开依恋物，表明他渴望温暖和理解。家长要更加敏感地关注他，在他感到不舒适前及时满足他的心理需要。如果你总是因为忙或是为了解脱自己而对孩子说：“去玩你的玩具吧，爸爸要忙一会儿。”或是“自己抱一个你最喜欢的玩具去睡觉。”孩子就会从别的地方寻找依恋。

比如，在婴幼儿时期孩子普遍害怕黑暗，尤其是独自一人呆在黑暗的房间里时，有了玩具的陪伴他就会从玩具上获得安全感，所以不少孩子是在入睡前的不安中对物品的依恋逐渐加深的。

此时，家长要在平时给孩子更多的温暖拥抱，在孩子独睡之前要多陪伴孩子，对于年龄较小的孩子而言最好是等孩子睡着之后再离开。家长应当鼓励孩子睡觉时不要抱娃娃或吸着奶嘴入睡，让他在父母的陪伴下安心睡觉。

【在平时玩耍的时候，对于那些始终不愿放下依恋物，走哪儿都带着自己最心爱的宝贝的孩子，你可以有目的性地尽量和孩子玩一些使用双手的游戏，比如捏橡皮泥、剪纸等，让孩子在不知不觉中放下依恋的物品。】

◎不要急于扔掉孩子的旧东西

对于对物品过度依恋的孩子而言，他的旧衣服、旧玩具是陪他一起成长的伙伴。或许那些物品经过岁月的侵蚀和孩子反复折腾的“洗礼”已经面目全非，但越是被孩子“蹂躏”的东西或许越是孩子感兴趣、久久不能释怀的宝贝，所以家长一定不要着急把那些看起来陈旧的物品扔掉。

【不要擅自将孩子的依恋物丢弃，或者偷偷将孩子依恋物洗干净。这样的行为是对孩子情感的粗暴干涉。】

孩子的这些旧东西摆出来不好看，放在储物箱里还占地方，或许还不太卫生，更何况孩子还会不断添置各种新物件，家里的空间就那么大，怎么可能啥都留着呢？其实，你完全可以换一种方法处理这个问题。不妨找个时间和孩子一起认真整理物品，耐心倾听孩子讲述每件东西的回忆以及对于他的意义，了解他的内心需求。在整理的过程中，可以适当表达

自己的想法，建议孩子把旧物件处理掉。比如“宝贝，你看，你有三个小皮球呢，你选一个最喜欢的，我们把另外两个拿到跳蚤市场卖掉怎么样？你自己做生意当小老板了呢！”或者“女儿，你又长高了，这条裙子你现在穿不了，我们送给能穿上它的小妹妹，怎么样？”

◎经常到大自然中玩

让孩子的注意力从依恋物品上面有所转移，你可以在周末全家出动外出游玩，去近郊踏青、到动物园玩耍，哪怕是到所在的小区里让孩子和其他小朋友近距离接触，都能够开阔孩子的眼界，当他被各种各样的新鲜事物所吸引，就不会太过于依恋他的“宝贝”了。

如果在游玩时孩子一定要带着依恋物也没关系，毕竟改掉依恋行为不是一朝一夕就能成功的。有时孩子会把依恋物忘记一段时间，可过一阵子又想起了来重新爱不释手。所以家长要冷静对待，不要斥责孩子。要用平和的、长远的心态和眼光和孩子一起慢慢放弃依恋物。

过度依恋不是一天两天形成的，当然也不是一朝一夕就能改掉的。家长要透过这种表面现象把握孩子的生理和心理特点，更要积极调整自

己与孩子的亲子关系,努力加强孩子的安全感,同时锻炼孩子,促使他的心理由弱变强。在保证孩子安全的前提下改变过度保护的行为,减少孩子的依赖性,增强心理承受能力,锻炼独立性,这样积极的家庭教育方式不仅有利于改善孩子的恋物情结,更是有利于他个性的良性发展。

“老二”对“老大”的“威胁”

生第二个孩子对第一个孩子的依恋情绪有影响吗?答案是肯定的。许多父母都发现,当第二个孩子出生之后,第一个孩子的安全感会下降。不仅如此,有不少真实的事件凸显了“老大”面对“老二”的威胁产生的极端心理变化和行为。

对于“老大”来说,“老二”的出现会影响父母对他的爱,父母对她100%的关注和照顾就要被“老二”瓜分,好吃的好喝的好玩的,任何他现在拥有并享受着的东西都不得不被迫“分享”。

对于妈妈来讲,老大老二都是亲生的孩子,没有二致。但是对于“老大”而言,妈妈出于保护弱者的自然反应对肚子里的宝宝倍加呵护而说出的一些话让“老大”倍感煎熬。而且当弟弟或者妹妹出生之后,这种情况还会继续，比如新生儿在睡觉而“老大”在客厅里像往常一样乱弹琴、看动画片，妈妈会说：“小声点！小宝宝在睡觉，不要吵到他了。”当“老二”再大些的时候，妈妈则常会对“老大”说：“你是哥哥，要让着弟弟一点。”

【对于“老大”来讲，这个新来的小家伙夺走了你对他的爱和关注，你还经常为了这个小家伙而训斥自己，这些都让“老大”感觉受到了危险而焦虑不已，会本能地把“老二”当作竞争对手。】

他会做出这些举动，希望引起你再次对他的关注：

【“老大”的所有变化只为达到一个目的：让爸爸妈妈的注意力从新转移到自己身上。】

“老二”的出现、家庭结构的改变让原来享受着父母全部关爱的独生子女们倍感失落、缺乏安全感，爸爸妈妈该如何让孩子的心态平和，感受到父母对自己仍然很关爱呢？

◎迎接“老二”，提前告诉“老大”

当你有了要生“老二”的打算，可以提前告诉“老大”，让他有知情权，让他明白家里即将发生的各种变化。如果孩子对这个消息表现出积极的态度，你不妨和孩子一起畅想未来，让他对新成员抱有良好的期待。如果孩子对这个消息不以为然甚至出现明显的负面情绪，你要尽量忽视，不要

试图马上改变孩子的想法，更不能用惩罚的方式迫使孩子接受这个事实。也不要强迫孩子说“我会爱弟弟妹妹”这样的话，那样只会让孩子感到以前对他说“我爱你”的人不仅会把对自己的关爱转移到弟弟妹妹身上，而且还会认为连自己也不得不对弟弟妹妹表示关心和爱护，这会给孩子造成样的他即将“退居二线”的感觉。

◎让“老大”知道：我们对你的爱并未减少

在第二个孩子刚降临的一段时间里，你可能会因为照顾新生儿而忽略“老大”，以前或许会帮助“老大”完成的一些事情在此时变成了需要“老大”独立完成。这是难免的事情，而且大一点的那个孩子逐渐长大，也应该逐步自理。但刚好“老二”的降生加速了“老大”的自理过程，这会让“老大”明显感到不适应，因而出现情绪低落的情况。

这个时候，不妨告诉他：“这不是因为我们不爱你了，因为妹妹太小了，如果我们不这么照顾他，她就不能生存。”在照顾新生宝宝的同时，你可以时常对大的孩子讲一些他儿时的经历，比如“你在小宝这么大的时候，妈妈做过……”这样会让孩子确信自己也曾经被父母这样照顾过。

我认识的一位妈妈曾经对大的孩子开玩笑说：“在弟弟妹妹出生之前，我们只照顾你一个，你享受了全部的爱。现在弟弟妹妹出生了，我们只是把照顾你的时间和精力分一半给他们，他只占了一半的爱，这样算起来还是你划算啊！”虽然这样的玩笑话对于孩子来讲似乎不太合适，但孩子仍然能够从妈妈的话语中获得“我们依然爱你”的信息。

◎如果“老大”妒忌和欺负“老二”

有的孩子会在第二个孩子出生之后欺负小婴儿，或者故意模仿婴儿的行为，甚至退回到以前的状态，原本会自己穿衣服，却突然穿不好需要父母帮忙了；原本说话很清晰明了，现在却奶声奶气说不清楚了。在大孩

子眼中，好像父母更喜欢婴儿的种种表现，所以自己也故意模仿，表现出父母喜欢的样子。对于这两种孩子，父母要明确观念，一旦发生老大欺负老二的行为，就要坚决制止，杜绝任何伤害他人的行为。而在平时要多抽时间和大孩子玩耍，在言语举止上也不要总是以“老二”为中心，应当注意“老大”的情绪变化。

在两个孩子发生冲突时，父母尽量不要充当裁判，断定是非，最好冷处理，分散孩子们的注意力。如果父母越是袒护老二，老大的报复动机就会越强烈。

每当他帮助你做了 点点小事或者照顾了弟妹一点点，都特意提出来表扬他，弟弟妹妹遇到问题你先让他想办法帮助解决，树立他当老大的责任感和自豪感。

◎不要让老大觉得被忽视

有了老二，家长常常会忽视老大，这让老大感受不到以前的爱。所以，家长每天都要抽空和老大单独在一起，专注地陪伴他或和他聊聊，一起做点什么，出去买东西时可以只带着他，让他感觉到你对他的重视。

特别要注意的是，如果有朋友到家里做客，请事先提醒他们在给小婴儿准备礼物的同时也别忘了给大的孩子准备一份适合他们年龄的小礼物，这样才不会让大孩子产生心理孤独感。我的一位朋友，在生了二胎之后一直都很注意对大孩子的保护和关注，但却在“老二”满月的时候因为几次朋友到访没有给大孩子带礼物而引发了“老大”的强烈嫉妒心。

当时这个孩子一反常态当着客人的面拆开了所有送给“老二”的礼物，把婴儿服、摇铃、食品料理机翻得乱七八糟，还对抚摸他脑袋的客人怒目而视。一向很有涵养的那位朋友终于被激怒了，当着客人的面痛揍了大孩子一顿。虽然孩子安静了，并到自己房间“面壁思过”了，但他却趁

大人们不注意的时候偷偷跑出了家门,在过马路的时候被疾驰而过的汽车撞成了颅脑出血,在医院多次手术并住了挺长时间,最后出院时还存在半身麻痹的情况。父母为了孩子花费了不少医药费用,在照顾孩子的同时还要兼顾小的那个孩子,父母精神上、精力上透支了许多。但更重要的是大孩子将来的路在何方,让这对父母感到很迷惘。

所以,家长一定要重视大孩子对“老二”的感情变化和情绪波动情况,用充满爱的言行及时化解孩子的不良情绪。

3 岁以上，不当言行影响他一生

第 6 章

威胁,让他产生恐惧感

一位儿童心理学家询问一个小女孩:"你喜欢你的家吗？家对你来说是什么样的地方呢?"小女孩立刻回答:"我喜欢我的家。"她思索之后继续说:"家是一个在天黑时我可以回去的地方。"当天黑时,孩子能够返到充满爱的家中找到安全感。但是,不少爸爸妈妈却在无意识中破坏了孩子的这种安全感,让孩子产生了恐惧。

【孩子不听话、哭闹不已的时候,气急败坏的父母对孩子说这些话。父母的心情可以理解,但这样对孩子采取威胁的方式却是不明智的。】

父母是孩子最信赖并可以依赖的人。他们会不由自主地在心理存在"失去父母,自己就无法生存"的潜在危机感和不安感。不管孩子是否听话懂事,他都会担忧"爸爸妈妈会不会不要我,不管我?"在这种心理背景之下,如果父母对孩子说一些威胁性的语言,孩子潜在的不安感就会加剧,容易受到大人无法想象的打击。

他有时并不明白父母只是为了哄他而说出恐吓的话，并非真的不要他或不爱他。他对别人情绪的理解很有限，往往通过别人的面部表情、外部行为去认知别人的情绪。他会把爸爸妈妈的离开，当成是真的离开。如果父母假装遗弃孩子，孩子会认为最值得信赖的人都不要自己了，保护自己的人没有了，这对他们幼小的心灵是很大的伤害。

◎语言威胁比身体体罚的负面影响更长久

恐吓和威胁是一种很愚蠢的手段，它不但不能让孩子变得听话，而且会伤害孩子的心灵。

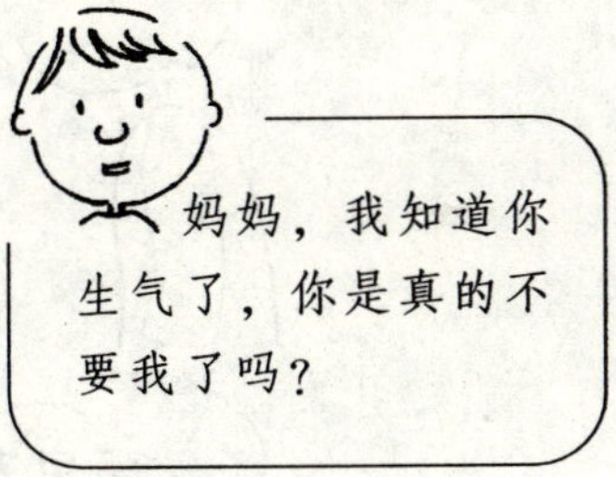

孩子都是害怕被父母遗弃的，如果你在生气时威胁孩子：“如果你再这样，妈妈自己走了，你留在这儿吧！”他们会感到“如果我不服从，就会被抛弃”“如果我不听话，就会

失去现在温暖的家、所有的玩具、漂亮的衣服和美味的零食”“如果我不乖，爸爸妈妈就不会再保护我了”。为了使自己获得保护和照顾，他只得乖乖顺从你。你的威胁生效了，并且还会认为这一招对付孩子非常有效。

其实，表面上看孩子很听话，可他心里却已经被你的威胁埋下了可怖的种子，他会产生可怕的想象，想象自己被父母遗弃，一个人孤零零的生活。如果遗弃的威胁没有生效，有可能是孩子看透了你的“伎俩”，知道你那么说只是吓唬自己而已，根本不可能真的丢下自己。孩子会对你的信任大打折扣，久而久之还会产生怨恨：“不要就不要，我还不要你了呢！”

◎要让孩子吃“我永远爱我”的定心丸

不管威胁是否达到了你所要的目的，但这种方式对孩子的心理的确是一种比体罚更严重的伤害。而且容易使孩子长大以后出现两种截然相反的性格：一种性格是，在与人相处时，常会难以接受别人的不同意见，而自己也不敢提出异议，生怕对方会生气，只好压抑自我，看别人的脸色行事。在遭遇一时难以解决的问题时，往往感到无比痛苦甚至绝望。另一种性格是破罐子破摔，越受到威胁越会奋起反抗，甚至以很极端的行为进行报复。

孩子的安全感来源于孩子童年时期得到父母的爱和照顾。如果你不用威胁的口吻教训孩子，还时常告诉孩子：“我们永远爱你，永远不会不管你的。”有了这样的保证，会让他感到安慰。充足的安全感能让孩子得以发展而不会受到外界的左右和干扰，也不会遇见困难就轻易放弃努力。只有心理适应并独立的孩子才能成长为适应社会的人，才能在激烈的社会竞争中获得成功。

批评，让他产生自卑感

自卑感是一种不愉快的心理感受。孩子并不是生来就有自卑感，这与父母的教育方式和家庭生活环境有着密切联系，如果父母对孩子的能力估计不当，在言语和行为上挫伤了孩子的自尊心和自信心，就容易使孩子产生自卑感。

我也曾因为个子矮小而产生过自卑感。我的父母时常担忧我的个头和身体，并鼓励我努力通过学习提高能力来弥补个头上的不足。但正是由于他们对我的身高的过于关注，我就对涉及这个问题的所有话题十分敏感。

记得有一次，我的数学考试成绩很不理想，爸爸开了家长会之后和我分析考试中出现的问题。一旁准备做饭的妈妈凑过来说：“你偏科太严重了，语文得满分有什么用？要是以后考不上大学，你去收废旧都骑不了那种大自行车。”我当时听了心里特别难过。个子矮是我的错吗？或许小的时候吃饭不乖、或许缺少体育锻炼，但这个既成的事实已经无法改变让我很难受了，妈妈还用这样的话来“刺激”我，这让我很伤心。

我知道，妈妈是恨铁不成钢。她包揽了所有家务，会做各种美食，家里收拾得比五星级宾馆还要干净整洁，除了学习，家里任何事情都不让我插手，只需要我好好学习就够了。妈妈说一就是一，绝对不允许我有任何反抗。我知道妈妈是为我好，所以从小到大，我在妈妈的管教下一直都是很听话的乖孩子。可她对我的批评或一些指责让我觉得很难受，我渐渐产生了自卑心理，不相信自己有能力做好事情。而且这种不自信的感觉扩散到了我生活中的方方面面，让我变得凡事都缺乏主见，有时候好不容易想拿主意却又怕承担责任的性格。

我的亲身经历深深感受到了自卑会对一个人带来怎样的伤害和不良影响。所以，在教育孩子的过程中，家长一定要引起足够的重视，尽早帮助孩子克服和纠正，以免形成自卑性格使孩子终身受到影响。

◎父母对孩子的要求别太高

家长对孩子施加的压力越大，孩子的抵触心理和反抗情绪就会越大。所以，家长要根据孩子的实际能力和水平，提出恰当的要求，对于孩子取得的成绩要及时表扬、鼓励，使孩子对自己充满信心。

如果孩子的学习成绩不太理想，你要做的不是大发雷霆或是挖苦打骂，而是以平和的态度帮助孩子分析原因，总结经验教训，要肯定孩子的努力精神，鼓励孩子找准方向纠正错误，让孩子了解你对他的认可，你看到了他的进步，逐渐树立自信。

◎每个孩子都有自身的优点

【孩子讨厌“被比较”的方式。他们不喜欢父母当着外人的面不断夸

妈妈，
这次没考好！
更重要的是
下一次！
看看你同学，你远远不如他！
阿姨好！
你什么时候
能像朱迪一样听话？
听话就好吗？
就没有一点优点吗？

奖别人孩子的优点，以愤懑、生气等消极的语气数落自己的种种缺点和错误。】

经常对孩子采用“与别的孩子比较”的教育方式会使孩子形成“我比别人差”的潜意识，从而使孩子的自尊心始终处在一个被贬低的低迷受伤状态，很容易出现“破罐破摔”的消极心理。家长应该看到，每个孩子都有自身的优点，你的孩子身上同样也有很多优点，并让孩子也明白“我自己也有优点，如果能学习别人的长处，我就更优秀。妈妈不是说人无完人吗？别人也有短处和缺点，或许在某些方面还不如我呢！”

◎避免当众批评孩子

当众批评孩子会使孩子的自尊心受到伤害。虽然他可能受到环境的影响不得不顺从父母的指责批评而没有任何反抗，但孩子的内心却产生了愤怒、反感和自卑。

一个妈妈当着孩子的面对其他人说：“你们说好笑不好笑，我儿子都4 岁半了，居然还会尿床！”其他孩子嬉皮笑脸地附和：“哈哈！这么大了

还尿床！”被说的这个孩子会把不愉快的体验深埋在心中，如果他心理特别敏感，还会在以后的日子里刻意躲避当时自己被训斥时在周围围观的成人和孩子。小小年纪就有这么大的精神压力，会让孩子的身心发育受到严重的影响。

家长批评孩子要注意场合，如果孩子确实犯了必须要及时指出并制止的错误，不妨委婉地提醒，或是把孩子招呼到自己身边单独交谈，或者用眼神、手势来指出孩子的错误行为已经引起了你的注意，提醒他不要再继续犯错了。

◎批评要针对具体事情“就事论事”

在批评孩子的时候，你要明白：自己的批评是为了让孩子知道，做什么样的事会带来什么样的后果，而不是让孩子感到批评是在伤害他，或给他打上了“坏孩子”的标签。

【这样以偏概全，以孩子一两次的不小心而夸大问题的严重性，会让他感到很委屈，给他造成心理阴影。】

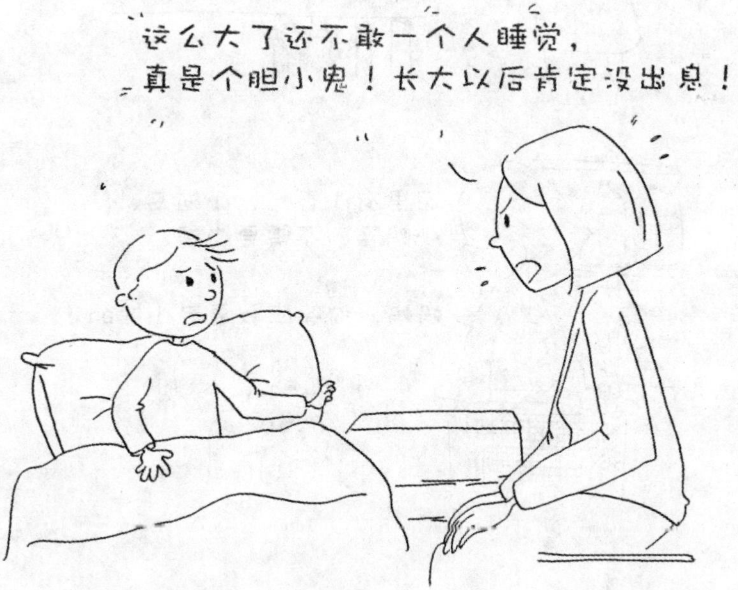

【针对孩子的错误，不要把批评扩大到其他事情上，更不能把一点小问题就以“长大之后肯定……”来对孩子的将来做出不恰当甚至是打击性地预测。】

家长一定要针对具体的事情，就事论事地把你对孩子某个行为的感受直接说出来，然后平静地告诉他，知道他是一个好孩子，明白他的不小心和苦衷，只是这次做错了，希望下次引以为鉴，不要再那么“不小心”了。

欺骗，让他产生不信任感

【你骗孩子好像是小事，但小孩子说谎时又让你非常紧张——没有以身作则的你有没有想到这可能让孩子模仿呢！】

嘉宝肠胃不好，容易积食。可她偏偏又是一个胃口很好的孩子，吃饭从不挑食。为了避免出现积食的情况，我常常刻意地控制她进食一些不容易消化的食物，尤其是各种零食。但在小区玩的时候，其他小朋友会散

发一些小零食，在那样的氛围下，要想控制嘉宝完全不吃那是不可能的。既然可以吃，就少吃一点吧，而且为了表示友好或是一种“公平”，我也不得不准备一些零食散发给其他孩子。

有了零食“储备”和吃零食的条件，嘉宝就会以非常馋的样子对零食表现出极大的欲望。而我总是一次次欺骗她：给她吃半袋小饼干，跟她约好晚上再继续吃。其实在半路上我就直接丢垃圾桶了，哪里还会等到晚上？嘉宝不问，这个事情就算过去了，要是问起，我就会“哎呀”一声“宝贝，你不是已经吃过了吗？”或者很歉意地告诉她：“对不起，妈妈给弄丢了，周末去超市买给你好吧？”能拖一次是一次。不过，随着嘉宝渐渐长大，我的这种小伎俩已经完全被她识破了。

虽然她没有对我的欺骗表现出太大的不良反应，但我可以在平常的生活细节中感觉到她对我的不信任：她的开心果会自己偷偷藏在书包里；吃了一半的巧克力会让老爸帮她保管，因为老爸在减肥；和我约定的事情会以另一个约定相套。比如我答应她晚上回去可以吃一点薯片，她还会提出“如果薯片没有了，你要准许我吃饼干。要是饼干没有了，吃两个红枣也行。”她有这么多对我很有可能的欺骗作的各种“以防万一”的备选项目，让我想推脱都难。

嘉宝的行为已经提醒了我：她不信任我了。所以我必须有所改变。

◎孩子再小，也要对他讲诚信

孩子的模仿能力很强，很容易受到某种行为的暗示。如果我对她不履行承诺，她就会受到暗示，跟着我模仿。如果在生活中，家长为了诱导孩子做某件事而轻易地对孩子做出各种许诺，但是事后却没有兑现。孩子原本把父母的许诺当真，对可以得到的奖励满心期待，可希望落空后，孩子就会发现原来父母欺骗了自己，会对父母产生不信任感，会从爸爸妈妈身上得到一些经验，那就是“不守信的许诺是允许的”，说了话可以不算数，答应了别人的事做不做到无所谓。慢慢地他们也会学着这样做。

所以，你在向孩子许诺之前一定要三思，不能言而无信，答应孩子的事情就一定要做到。如果兑现不了，就要及时向孩子解释，让他从内心理解你。比如，我想答应嘉宝周末去郊游的愿望，但会把天气因素考虑进来，对她说明：“如果下雨了，我们就不会去。”把决定权交给了老天爷，任它刮风下雨也不是我的错！我会尽量避免推迟或失约的事情发生，比如答应嘉宝会拿某个玩具去幼儿园接她，我会在手机上进行标注提醒。这样坚持了一段时间之后，我发现我对孩子言而有信了，她对我的信任感也不断恢复。

◎**满足孩子的合理需求**

孩子合理的需求没有得到满足或受到了抑制，他就会通过某种不诚信的行为来满足自己的需要。我会在嘉宝提出要求之后仔细思考，分析她的想法和目的，尽量满足她要求中合理的部分。比如晚上临睡前想喝奶，同时提出想搭配饼干。我原本答应了她可以那么吃，但却发现饼干是那种比较大块的，不适合孩子临睡前食用。于是我就和她商量，看能不能只吃一半，还说了一些她以前饮食不注意引起积食的种种难受和惨状。或许是往事历历在目吧，在经过一番讨价还价之后，嘉宝接受了我的建议。

所以，我们不要用成人的眼光主观地臆断孩子的心里想法，要认真倾听孩子的真实感受和心里话，用孩子的眼光看待孩子的要求。对于大人认为的不合理要求，也不要粗暴地拒绝，应该向孩子讲明道理。

◎承诺为孩子保守秘密时一定要守信

有几次嘉宝犯了小错误，我对她进行教育，她一边止住哭泣一边向我约定："我们不要告诉爸爸，好吗？"就这个问题，一向直肠直肚的我硬是生生憋成了内伤都没对嘉宝爸爸说。在这一点上，嘉宝对我很满意。不过往往忍不住揭秘的人是她自己，她总是忍不住兴奋地对老爸一阵叽里呱啦，有时候还沾沾自喜地说一些明显是讨打的事情。最后的结果可想而知。看到她低着头被老爸教育的时候，我的心里反倒舒了一口气："幸好不是我说的。"

虽然嘉宝被爸爸教育了，但我不是肇事者，所以她一点也不归罪于我这个口风严谨的保密者，我们的关系更近了一步。她也更愿意和我撒娇，愿意与我分享小秘密。

急躁，让他产生焦躁感

在生活中，嘉宝是个急性子的孩子。不光是说话快，像自己扣纽扣、

穿袜子，如果尝试几次都不能成功的话，她就会突然爆发，脸涨得通红、咬紧牙大吼一声，一副誓要和手里的东西死磕的架势。我见过不少孩子都出现过这种暴躁的情况，尤其是不想大人帮忙又想自己解决却尝试多次无果的时候。

孩子为什么会焦躁？

儿童心理学家认为，孩子焦虑、急躁的成因复杂，可以使基因方面的，也可以是后天环境引起的。有的孩子在3、4 个月大的时候就出现了焦虑情况，见到陌生人会哭泣；大一些的时候会表现为敏感、缺乏自信而自尊心又很强的性格特点，容易多虑和紧张。从这个方面看，先天气质确实起了一定的作用。

但是，环境因素越来越被儿童心理学家研究并公认为影响孩子情绪及性格的重要因素。心理学家通过研究发现，大多数有焦躁感的孩子，他们的父母也容易急躁，或是情绪时常出于焦虑状态。也就是说，遇到事情后表现为紧张、急躁状态的父母传递给孩子的信息也是焦虑的。而情绪不稳、性情急躁的父母往往更会用责打、体罚的方式对孩子进行教育，孩子在长期被忽略、被责打、被否定、被催促的状况下，会缺乏足够的安全感和稳定感，对父母的依恋也就逐渐变成不安全型依恋联结。

女儿嘉宝的这种焦躁的性格也让我对自己进行了反思。绝大多数时候，我是一个正常节奏的人，但在招呼嘉宝换鞋上学、指导她收拾玩具、催促她洗手吃饭的时候，我就会变成一个急躁的妈妈，总是一遍遍催她，这让她觉得很烦，而且还故意拖慢速度来和我作对。本来人已经走到客厅了，在我催促她换鞋的声音中，她撇着嘴挪着小碎步故意慢腾腾地走。我看到她这种“非暴力不合作”的无声反抗、再看看飞快转动的时间，真是气不打一处来。有好几次我真的很想动手拍她屁股几下，但我还是忍了。

虽然没有对她使用武力，但我的心情会变得很不好，一路下楼都不想

再等她磨磨蹭蹭、慢条斯理的走路。而她却偏偏会在这个时候大哭：“妈妈，你不等我！你等等我呀！”唉，我觉得我当时真像一只高压锅，竭尽全力地把喷涌而至的怒气狠狠地压在心里，因为如果我动手，她会哭得更厉害，可能会哭得满身大汗会着凉，最后生病照顾她，累的人还是我；如果我动手，难保我的理智会继续占上风，很有可能“大爆发”在她的屁股上留下“五指山”，而等我清醒平静之后又会很后悔自己的一时冲动。总之，我最终还是强忍着怒气，耐心跟她讲道理，先表扬她早上的配合，再指出她磨蹭的后果，最后不忘亲亲她的脸蛋。嘉宝真给我面子！一般我的这种方法会很快换来她的回应，原本剑拔弩张火药味很浓的气氛又回复了平静，我们又能够开开心心上学了。

◎自己稳定急躁情绪，然后正确对待孩子的急躁

当孩子产生焦躁情绪的时候，比如当他扣纽扣不成功就发火时，家长首先要注意控制自己的情绪和行为，更要注意言行，不能一边急冲冲地一把拉下孩子的手就帮他扣纽扣，一边皱着眉头嘴里还数落着："这么点事儿就齁急，你慢慢来不行吗？"你看到孩子跟一个东西较劲的时候总想赶紧帮他解决了，怕他把东西弄坏了或者伤到了自己，虽然是出于保护孩子的目的，但立刻显得焦虑不安或急于了解事情并提供帮助，这样反而会让孩子原本就遇到了挫折的心情因为得不到体谅而更加难过。

所以，家长要把握时机和尺度，反应不能过激。当然，你也不要对孩子的表现无动于衷或是对孩子着急的事情视而不见，非要等到孩子大哭大闹才给予关注，那样更会助长他的急躁情绪，应当以平和的心态面对孩子的失败尝试，可以用商量的语气对他提供帮助或是用语言指示的方式给孩子提供指导，让他自己按照父母的建议独立完成，那样他更能获得成就感，也会明白急躁对于解决事情来说是没有丝毫帮助的。

【平时，家长可以通过具体活动磨练孩子的韧性。比如，让孩子练字、画画或陪孩子下棋等。也可以通过小游戏训练孩子专注力。比如“找不同”、“找错误”、拼图游戏等，让孩子集中注意力，长时间专注做某一件事。】

抱怨，让他情绪消极

据说，一个人在毫无察觉的情况下平均每天会抱怨20次左右。你可

能没有意识到，自己下意识的抱怨不仅会让自己的情绪更加低落，还会破坏家庭的气氛，影响孩子的情绪。比如，下班回家之后，孩子兴高采烈地想要和你分享自己的开心事，可你却以“堵车烦死了”的抱怨回应孩子的热情；比如，你从幼儿园接到孩子，孩子叽叽喳喳地说着幼儿园的事，而你却凶凶地说：“别嚷嚷了行不行？我今天办个事跑了好几个地方都没弄成，真讨厌！别惹我！”

不管做什么事，你总觉得做得还不够好，认为还能做得更好，更与众不同。妈妈，我不是天才。放下那些你认为我“本来应该”或者“能够做到”的想法吧！

在孩子眼中，“看什么都不顺眼”的妈妈成了一个“定时炸弹”，自己不“乖”或是有什么事情再惹妈妈不开心，她就随时有可能爆发，那个时候，遭殃的肯定是自己啦！由于受到妈妈不良情绪的影响，孩子会小心谨慎，同时，也会像妈妈那样对发生在自己身上的事情不断抱怨。

父母对事情的不满会潜移默化地影响孩子看待问题的方式。一般来

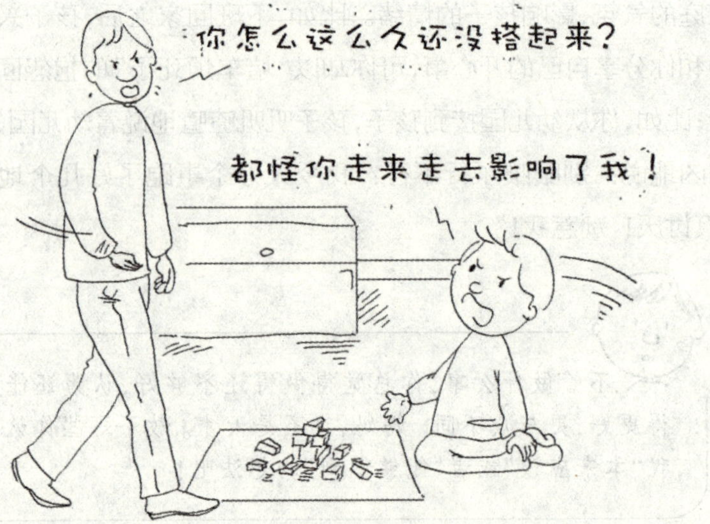

说，乐观积极的父母会到处积极向上的孩子，而消极抱怨的孩子往往因为父母如此，孩子受到了影响也会变得情绪消极。比如孩子自己不能独立地组装简单的玩具，询问原因，他说了一大堆理由，不是别人走来走去老打扰他，就是玩具有问题根本就拼不出来。他不从自己身上找原因，总是把问题归咎到外在的客观因素，这和家长把工作中、人际交往中遇到的问题归结到别人的身上是同样的行为。家长上班时遇到不顺心的事，回家后毫不避讳地当着孩子的面抱怨不已，在这样的环境中，孩子很难培养出乐观向上的性格。

◎消极的情绪会诱发孩子的消极行为

有时候，妈妈本来自己心情就不好，结果回家后看到孩子各种招人烦的举动，更让自己本来就郁闷的情绪更加烦躁。这样的情况也曾经发生在我身上。在我心情好的时候，我看嘉宝就会觉得她是天底下最乖巧可人的宝贝，哪怕她做了平时我看不惯的事情我也能坦然接受。但要是我遇到什么不开心的事，我就会不断地抱怨，看到她就觉得怎么看都不顺眼。

比如嘉宝有时候故意用手爬楼梯，我心情好的时候会提醒她回家后仔细洗手。可心情不好的时候我就会很烦躁地指出："你又不是小狗，楼梯多脏，别人还在上面吐了痰！"而嘉宝对我在两种情绪下的回应也截然不同。我好言相劝的时候，她会立刻起身走着上楼，即使用手爬楼也会自己到洗手间用肥皂洗三遍手；而我抱怨她不乖、脏的时候，她就会执意从一楼爬到我们家所在的六楼，而且回家之后故意蘸一点肥皂用水冲冲就出来玩了。可想而知，孩子对我们的抱怨有多么强烈的消极反应。

◎父母不在孩子面前抱怨

作为妈妈，要尽量调整自己的心态，即使觉得心情郁闷也尽量不要在孩子面前抱怨，如果忍不住抱怨起来，事后也要主动向孩子表明自己的态度，对孩子"认错"，告诉他遇到问题不能抱怨，因为抱怨不能解决任何问题，重要的是要从自身找原因，并且承认自己那样做是不负责的表现。孩子会逐渐明白"抱怨"是无效而且错误的，以后看待问题就会想办法解决，而不是一味"找客观"了。

如果你确实在外面受了委屈，必须通过抱怨这样直接的方式来发泄情绪、化解心中的痛苦，也不要当着孩子的面有所表现，可以在室外排遣情绪或者把自己关在卧室里冷静片刻，这样更为妥当。

溺爱，让他变得脆弱

天天是一个典型的“玻璃脆”孩子。他刚上了三天幼儿园就不想去了，还做出很难受的样子含着眼泪可怜巴巴地对妈妈说：“妈妈，我不喜欢幼儿园。我在幼儿园想你，我都哭了。”每当这个时候，天天妈妈就会很同情地看着儿子，一遍遍亲吻儿子的脸：“乖儿子，你去幼儿园，妈妈下午早点下班，陪你上幼儿园好吗？”妈妈的话说到做到，真的到了幼儿园陪天天上了课。

可有了第一次就会有第二次，天天对上幼儿园的抵触情绪越来越激烈，天天妈妈也一次次提前下班跑到幼儿园“上课”。尽管老师多次提醒天天妈妈不用那样，也明确地告诉她那样是对天天的溺爱，可天天妈妈总是以各种理由进入幼儿园陪儿子上课。

妈妈的这种行为让理智的天天爸爸感到很恼火。他责备天天妈：“你太娇惯儿子了，你越宠惯他，他就越娇气，越离不开你。”可天天妈总是反唇相讥：“儿子是早产儿，适应能力差，以后读小学了就慢慢好了，现在正是关键时刻。”

看到天天什么事情都缠着妈妈，天天爸忍不住教育了天天一番，可天天妈马上就跟丈夫顶了起来：“儿子本来就脆弱，你还用那么大的声音训他，你是想让他多受点心理刺激?!”天天爸爸忍不住回口：“3 岁的孩子你就这么惯着他，以后刺激他的人就不是我这个当爹的了！”可是，天天妈妈就是坚定地认为儿子需要无微不至的呵护，就应该对儿子的各种要求有求必应。

然而，天天对妈妈的“黏”逐渐升级为了“折磨”：找各种理由拖延睡觉时间，不停地上厕所。当幼儿园的老师打电话向天天妈妈反应天天不睡午觉总上厕所的时候，天天的“计谋”得逞了。因为他知道，心疼自己的妈妈一定会来幼儿园接自己的。看到妈妈心急火燎地出现在门口时，天天开心地笑了。

孩子喜欢与父母在一起，这是亲情的一种表现。随着孩子年龄的增长，这种依恋行为会因为独立性的增强而逐渐减弱。但有的孩子表现出了与其年龄不相称的过分依恋行为。

生活中，有的父母唯恐孩子营养不足，一味地给孩子增加营养；担心孩子感冒生病，稍稍刮风下雨就不让孩子出门；孩子需要充足的接受阳光，可父母怕太阳晒坏了孩子的身体还给孩子准备了各种防晒装备；怕孩子出危险，父母不让孩子跑、跳，使孩子爱动的天性受到压抑；父母包办代替了所有事情，孩子在家什么事都不用做，即使东西在自己手边也依赖父母去拿……孩子的独立性在父母的溺爱之下被限制得无法发展，离开父母的帮助就惊慌失措，使孩子适应外界的能力变得很差，直接导致了孩子不安全依恋行为的发生。

【过于软弱的人是无法适应当下竞争激励的社会环境，你不可能永远把孩子呵护在自己的羽翼下，他总要脱离你的庇护，独立进入社会接受考验的。】

打破溺爱的最好方法就是培养孩子的独立性。如果你要培养孩子的独立能力和自我服务技能，就要让孩子尽量依靠自己的力量处理生活中

的事情，让孩子能通过日常生活细节体会到不依赖父母也能够成功的成就感和满足感，他就会越来越有自信，就会在具体尝试处理各种事情的过程中不断积累经验，内心强大之后就不会再脆弱。

命令，让他产生抵触心理

苏联著名教育家巴班斯基曾经说过："父母经常用命令的口气对孩子说话，叫孩子做事，会使孩子产生逆反心理，很难收到预期的教育效果。而一直在命令中做事的孩子，会缺乏主动性，容易形成懦弱的性格，不利于孩子的成长。"

【“不许……”、“你必须……”当你用这种方式和孩子交流时，你会发现孩子越不容易不配合，甚至用抵触的态度来表达自己的不满。】

每个人都有自己独立的想法和强烈的自尊心，孩子也不例外。他们不愿意父母命令自己做这做那，更不喜欢父母强迫自己。当你用命令的口吻要求他做某事时，他很容易产生与你对抗的行为。

长期受制于父母命令的孩子，在产生抵触心理之后很容易出现两种较为极端的倾向。一种倾向是“不听命令”，越大越叛逆，越大越难管；而另一种倾向是“惟命是从”，完全按照父母的指示形式，没有自己的想法，越大越懦弱，越大独立性越弱。这两种极端的倾向都会使孩子一生的生活质量受到影响。

你总认为自己是过来人，经验丰富，把经验传授给自己的孩子，就能让他少走弯路。可你自认为是为孩子着想而对孩子施以命令的时候，孩子就会有一种“被强迫消费”的感觉。如同原本可以饶有兴趣地进食美味的食物，却被服务员一勺一勺强硬地灌进嘴里，这样的进餐方式怎么可能品尝到食物的味道呢？不仅如此，还会对热情过度的服务员心生怨恨。

为了让孩子的身心健康快乐成长，同时还能保持自己在孩子心目中的威信，家长不要用命令的语气和孩子说话。

◎把“你必须”变成“我建议”

家长有必要了解孩子的“我长大了”的心理，改变“居高临下”的家庭教育方式，无论在思想、行为还是语言上，都不要只从大人的眼光来看待孩子或是拿大人的架子来对待孩子，要主动把自己放到和孩子平等的位置上。学会尊重孩子，不把自己的想法强加给孩子，只是提出想法和建议，让孩子自己选择。用平等、友善的态度和孩子交流思想，在语言上把“命令”变成“商量”，把“你必须”变成“我建议”。

你可能会对“让孩子自己选择”的可行性产生质疑：让孩子自己选？

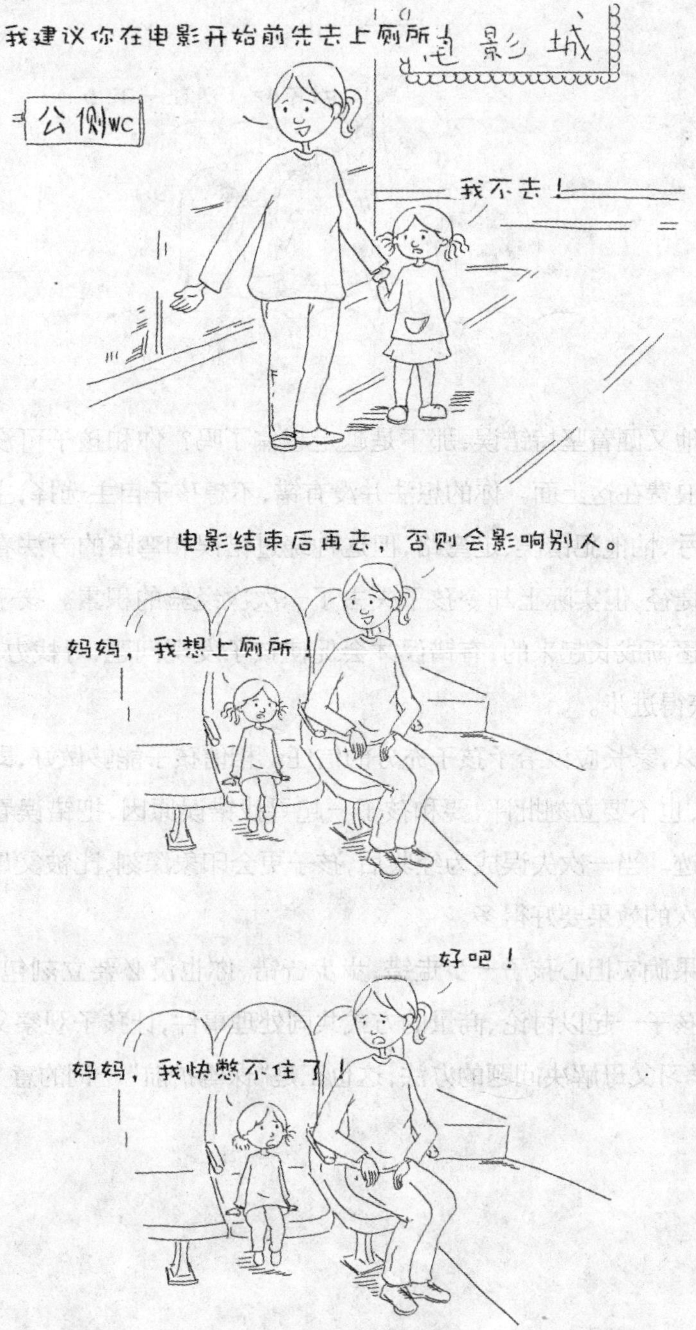
我建议你在电影开始前先去上厕所！
电影城
公厕WC
我不去！
电影结束后再去，否则会影响别人。
妈妈，我想上厕所！
好吧！
妈妈，我快憋不住了！

选错了他又倔着坚持错误，那不是越走越偏了吗？你和孩子可没有那么多时间浪费在这上面。你的想法并没有错，不想孩子自主选择，主要是怕孩子吃亏，怕他犯错误、走弯路，但这种绕过错误和弯路的方法看似让孩子走了捷径，但实际上却令孩子失去了一次次经验的积累。孩子正是在错误中逐渐成长起来的，有错误才会促使孩子发现问题、寻找办法、改掉毛病，获得进步。

所以，家长应该给予孩子充分的信任。相信孩子能够做好，即使孩子做错了，也不要立刻批评，要和孩子一起寻找错误原因，把错误看作是进步的痕迹。当一次失误成为经验后，孩子更会印象深刻，比被父母耳提面命十几次的效果要好得多。

如果确实担心孩子一步走错，步步皆错，你也没必要立刻包办代替，不妨和孩子一起以讨论、商量的方式共同处理事件，让孩子观察父母处事之道，学习父母解决问题的办法，这也正是“保驾护航”一词的意义所在。

第 7 章

如果你的孩子特别黏人

培养孩子的兴趣点

如果孩子对某个物品或对做某件事特别感兴趣，他就会把目光从妈妈的身上转移到他的兴趣上，对妈妈的“黏性”会大大降低。

嘉宝也有黏人的时候，但是她很爱看书、听故事和画画，每天只要有空，都会坐在小桌前画上几幅。回想起曾经不得不一手抱着她一手做事情，也吓唬过她“妈妈炒菜的时候还抱着你，锅里的油会溅起来烫到你的肥屁股，可疼可疼了！”那种日子简直“不堪回首”。现在多好，暂且不说一个幼儿园大班的孩子能画出多么惊艳的画作，但她能够静下心来绘画，我能够在厨房专心做饭，这就是一个很了不起的改观了。

如果你的孩子黏人，你可以尝试培养孩子的兴趣点，让他学会自己玩。有了兴趣，孩子就能把耗费在黏你的精力用在感兴趣的事情上，当他能独立地开心玩耍，你也会乐得轻松。比如，你可以培养孩子阅读、绘画、舞蹈、音乐等方面的兴趣爱好。

◎**培养孩子在阅读方面的兴趣**

你可以有意识地给他买一些图片或一些小故事画册，并念给他听。在念故事的时候，要结合图画中的信息用清晰，用愉悦的腔调来念书上的文字，或用孩子能够理解的语言描述图片上的内容。

孩子的小书一般语言简单、文字篇幅短小，念完之后你可以酌情询问

孩子是否有疑问，或是启发孩子回忆性思考。如果他在你念故事的时候偶尔插嘴，加入自己的理解或提出疑问时，你要耐心回答，并对他的出色表现给予奖励和表扬。如果你怕孩子养成了插话的习惯，也可以事先提醒孩子“等妈妈念完之后再提问，好吗？”

在这个过程中，你还可以用肢体语言来奖励孩子的回答或鼓励孩子提问，效果更好。在你的搂抱、亲吻、鼓励与表扬中，孩子对于故事就会很自然地关注。在他获得你的关注和鼓励之后，就会把从阅读中获得的美好体验不断进行积累，他会渐渐从阅读中得到让自己放松的感受。在温馨读书环境中，孩子能够把对你的依恋、幸福的感觉无意识地与读书之间建立起某种联系，即使在你忙于家务不能和他互动的时候，也会自然而然地从书中寻求舒适体验。

◎培养孩子在绘画方面的兴趣

几乎所有父母都会发现孩子喜欢到处涂鸦。他们用小手毫无规范地抓捏住笔，随心所欲地在墙上、沙发上、地板上、桌面上、冰箱上涂鸦。面

对四处涂鸦并且乐此不彼的小小画家，你在高兴之余又会觉得很苦恼。你会因为光洁的墙面被他弄脏而感到很无奈。

随处涂鸦可谓是孩子们的“通病”。但你应该看到涂鸦对于孩子生长发育的重要性，更应当想办法把这种无意识、带有情绪发泄性质的涂鸦逐步变为绘画。

我先向嘉宝灌输“画在墙上，画得再好也没有办法带出去被别人看”的理论，并经常着重讲一些在纸上绘画的好处，让她把作画材料逐渐固定为纸张。然后准备了一些彩纸，让她亲眼看着我画出小花、小猪、小鸟等动植物，并折叠成了信封的样子，我告诉她，那样可以把自己的作品当作礼物送给别人。嘉宝觉得这种方式特别好，于是积极地作画、折纸、四处送人。不仅保住了家里雪白的墙壁，而且还激发了嘉宝绘画的热情。

如果你的孩子不喜欢画画，也许是不习惯绘画工具、桌椅高度不合适等原因。你可以给他买一些简笔画的书籍，让他学习用简单的线条勾勒物体，尝到绘画的成就感；有的孩子可能不喜欢油画棒的手感而对绘画比较抵触，你可以尝试给孩子买几种绘画工具，让他选择自己喜欢的那一种；对于桌椅高度的问题，有的孩子坐的椅子太高，绘画是不是趴在桌上就是不得不站起来，他觉得不舒服就会放弃这种活动。你不妨为孩子准备绘画用的桌椅，尽早地对孩子的坐姿、阅读姿势有所规范，也有助于孩子养成良好的学习习惯。

为了让孩子对绘画感兴趣，家长不妨为孩子提供一些非专业的绘画材料，让孩子体会到绘画的乐趣。比如，用果酱在面包片上作画；在户外时用树枝在沙地上画画；在装满水的塑料瓶瓶盖上戳个洞，在地上以水作画；还可以找来落叶、枯枝，指导孩子“摆画”；或是撕碎各色纸张，用小纸片进行“拼画”；甚至可以把家里的旧衣服、裤子当成画布，让孩子用丙烯颜料制作独一无二的个性T恤，一家人动手制作个性亲子装……

【除了阅读和绘画，你还可以根据自己孩子的特点发现并培养孩子的兴趣点，比如像拼装玩具、剪纸、陶艺手工、舞蹈等，孩子对这些事物产生了兴趣，就不会再把过多的时间和精力“浪费”在黏妈妈的行为上了，他们会兴致勃勃地着手开始自己感兴趣的事情并且乐在其中。】

让孩子陪你一起做家务

你只看到了照顾孩子和做家务二者不可兼得的矛盾性，为什么不换个角度找一个契合点把这两件事情结合在一起呢？

你在忙碌的时候，如果能够适当地分配给孩子一个相应的“小任务”，让他有事可做，孩子就不会那么黏人了，而且还能体会到劳动的快乐。

【请他帮忙做家务要有技巧，如果只是命令他来做，他可不会吃你那一套！】

在操持家务的时候，不妨让孩子坐在地板或泡沫拼图上，给他一块抹布、几个塑料盘子或碗，请他帮忙擦拭这些东西，或者顺手给他几片刚清洗干净准备晚上炒菜的菜叶，让他玩“过家家”、“做菜”的游戏；在打扫房间的时候，你也可以给他一块比较干净、湿度适宜的抹布，让他帮着擦门或低矮的柜子。你还可以在固定的地方，比如在厨房择菜切菜或是在洗手间洗衣服的时候，也给他接半盆温水让他洗自己的小袜子、小毛巾等，事先在盆下垫上一块湿毛巾，可以防止小盆打滑翻倒，还能吸收被他弄出盆来的水，保持地面干净。有你在一旁的陪伴，孩子不会感到不安和害怕，安全感不会削弱。

◎别怕孩子“帮倒忙”

当孩子为你做家务的时候，你会发现他实际上是在为你帮倒忙：帮着打扫，碰翻了花瓶；帮着刷碗，打碎了盘子；帮着洗衣，弄湿了鞋子……本来自己已经够忙的了，还要收拾孩子不断制造出来的烂摊子，真是累死人了！

孩子由于生活经验和实际能力不足，常常“好心”办了“坏事”，这很正常，但是你要知道，请孩子“帮”自己做事，让孩子“陪”自己做家务，是

转移孩子注意力和依恋对象的方法，重在过程而不需要看重孩子的实际劳动结果，所以也不要过于在意孩子最后的表现。虽然结果可能不尽人意，但他可以让你逐渐地摆脱他的“黏性”，能够自得其乐地玩耍片刻，你的目的就达到了。

对于“越帮越忙”的问题，你不妨事先预料一下孩子一旦参与可能会出现的各种后果，并提前做出预防，比如规定孩子帮忙的范围，这样收拾起来也不至于由于面积过大而太劳累；比如教孩子做家务的技巧方法，这样孩子会尝试按照妈妈所教的方法努力以正确的方式处理事情；比如事先帮孩子清理障碍和可能出现的阻碍，让孩子的活动可以顺利进行而不至于节外生枝。总是，妈妈要以宽容和耐心引导孩子转移过度依恋妈妈的注意力，培养孩子自己玩耍的成就感和安全感，尽可能保护孩子做家务的新鲜感，让孩子在身体力行的过程中变得自信而自立。

让孩子多接触大自然

对妈妈特别依恋的孩子一般安全感欠缺，个性也比较胆小，对待新事物、新变化的出现容易持质疑的态度，而经常接触大自然，或随父母外出旅游的孩子，由于见多识广而表现出成熟、稳重的性格。

更多地接触大自然是一种放松身心的活动，也是提高孩子交往能力的一种有效途径，孩子能够不断受到外界的刺激，在旅游中不断扩展交往范围，增加交往对象。在游山玩水或踏青采摘的时候，孩子的身心融入到了广阔自由的天地当中，心情变得舒畅，情绪也趋于稳定，以放松的心态面对周围的人和事，逐步轻松地独立完成一些具有挑战性的事情。

比如，在旅游的过程当中，买车票、住宾馆、进饭店、购门票等都是要与陌生人打交道，如果你能有意识地让孩子了解这些事，那么孩子就可以

直接接触到一些新的对象，了解新的交际内容，渐渐地变得热情主动。而旅游结束之后，由于见多识广，积蓄了许多新奇特的经验和印象，这些都作为他的丰富谈资，在与同伴、老师交流的时候更增加了许多话题。最为重要的是，这些旅行的经验逐渐在扩展了孩子知识面的同时也使他变得成熟而自信，孩子能够从不断尝试并获得最终成功的良好经验，以及经历挫折但不屈不挠达到目标的种种阅历积累中认为到“我长大了”，独立性和自理能力也在不知不觉当中得到了锻炼和提高。

“读万卷书,行万里路。”在孩子的成长过程中,旅游是十分重要的组成部分,旅游不仅仅是放松身心的一次压力释放,不仅仅是简单意义上的“玩”,而是能开阔孩子的视野,培养孩子的生存能力、竞争意识和口语表达能力,是一个能拓宽孩子的思维、增长知识、陶冶情操和提升孩子综合素质的历程。

带孩子走出家门,不一定策划长途旅游或目的性很强的景点观赏,也可以是自由、随性地常规安排,比如就近选择动物园、植物园、博物馆、科技馆等去处,也可以在近郊进行踏青、采摘、露营等家庭活动,还可以在小区的空地里支起帐篷,招呼小伙伴们席地而坐玩游戏,这些都能让孩子在观察中逐步理解书本立的那些抽象的概念性知识,增长孩子的见识并陶

冶孩子的性情，逐渐淡化对妈妈的过度依恋，使孩子的身心在开放性的环境中得以释放。

鼓励孩子多参加户外活动，与大自然保持亲密的接触，对孩子多多鼓励，让他逐渐学会欣赏大自然并爱上大自然，逐步淡化“围着妈妈转”“妈妈是我的全部”的狭隘想法，让孩子认识到“妈妈是爱我的”，继而体会到“除了妈妈之外，还有其他更好玩的事情。”

让孩子接触养育者以外的人

儿童心理学家通过研究，得出“习惯于多人养育、朋友多的孩子，不安全依恋较弱，分离焦虑也较轻”的结论。研究人员发现，在大家庭中长大的孩子，日常接触的人多，容易对别人产生信任感，依恋的对象也变得广泛。而在一家三口这样的小家庭中成长起来的孩子，由于只和爸爸妈妈在一起生活，如果亲友之间走动较少，孩子接触养育者以外的人少，就容易出现认生的情况，对爸爸妈妈往往产生强烈的依恋。

所以，在孩子1岁左右开始尝试与同伴交往时，家长要积极地在旁边鼓励孩子，帮助他逐渐学会如何与小伙伴对话、如何互相交换玩耍玩具、如何处理和小伙伴的争执。孩子会从和同伴的玩耍活动中学会分享和交流感情。到了两岁左右，孩子就会逐渐习惯和妈妈暂时分离，习惯于他人玩耍和互动。

让孩子接触养育者以外的人是一个开阔孩子眼界、活跃孩子思维的过程。由于依恋本质上时一种情感关系，对孩子现在和将来的认知、人格及人际关系的发展都会产生广泛而深刻的影响，所以，家长在引导孩子接触养育者以外的人的同时，要注意让孩子和对方产生一定的情感交流。

比如，在小区游戏区域中和其他小朋友玩耍，不断新加入的小朋友对孩子来说是新鲜事物的不断注入，孩子会感到又兴奋又紧张。但是，随着游戏的深入，小朋友之间的游戏交集点——玩具就会引发各种各样的“冲突”，出现争抢玩具、动手打人、“恶人”先告状等等情况，家长可以以“理”说服、开导，引导孩子多以“情”思考，让孩子明白，和人交往的初衷是开心的，过程是兴奋的，但中间出现的“插曲”是完全可以避免的。

如果孩子经常出门玩耍，经常接触不同性格特点的小伙伴，他的脑海中就会不断积累并筛选自己喜欢的、和自己有相同爱好的伙伴，而在潜意识里排斥“打过我的”“说脏话骂人的”“霸占玩具不会分享的”种种类型

的孩子。孩子在这种选择性筛选的过程中能够逐渐提炼出一套对养育者以外的人进行分类总结的方式，并以这种方式外化到与人交往的行为当中。归根结底，孩子在与更多的人的接触中获得人际交往的初体验，并且对符合自己标准的人变得更加亲密，对妈妈的依恋就会不同程度地转移到自己选择的对象身上。此时的孩子虽然缺乏判断能力，但他们能够依靠自己的一套方法明白“人以群分”的道理。

不同的人能够给孩子不同的交往体验，这也不失为锻炼孩子人际交往能力的方法。对于那些特别黏人的孩子，他们往往更愿意站在妈妈身旁或身后，甚至拉住妈妈的衣袖不愿松开。这个时候，家长一定不要强迫孩子立刻融入伙伴群，或是马上对新来的客人做出礼貌性的问候，而要给他们一点用语观察和分类的时间，孩子会在别人之间相互谈话、行动的过程中注意观察，然后再做出相应的反馈。你只要拥有理解孩子的心和更多的耐心，孩子就会渐渐从依恋妈妈一个人的狭小心理圈中走出来，酣畅自由地和小伙伴们玩耍、自觉主动地招呼熟人。

爸妈互补，建立亲子依恋

2 岁左右是他依恋的高峰期，表现为希望大人陪他吃饭、陪他睡觉、陪他玩，甚至陪他拉便便。有的孩子，只要妈妈走开一会儿，或是他和爸爸或其他家庭成员在一起就特别听话乖巧，不哭不闹，和跟妈妈在一起的时候判若两人。只要妈妈一出现就又开始哭个不停，非让妈妈抱抱。妈妈抱得不及时，他还会生气地用手指抓掐妈妈的脸，撕扯妈妈的头发。

嘉宝在两岁时也出现过类似状况，只不过没有那么歇斯底里，但只要我在家就来黏住我，我什么都做不了。带她一起买菜，她不管我手里提着一大包东西还哭喊着要我抱，我不得不一手提菜一手抱着她爬楼梯回六楼的家，我的臂力在这样的“折腾”中不得不逐渐增强，我时常想，要是在少林寺，怎么着也把轻功给练成了。

有几次我临时有事出门，让嘉宝爸爸负责照顾孩子，或是由奶奶带孩子出门玩耍，回来见面之后他们都会说：“没见嘉宝有多闹啊！挺听话的！哪像和你在一起那么闹腾啊！”敢情嘉宝小朋友就只指定折磨我一个人啊？我还真是享受了她的“特殊待遇”呢！

许多妈妈都有和我类似的苦恼。特别是一些男孩的妈妈，总觉得男孩子应该坚强，可是孩子的种种娇气的表现让妈妈感到很担心。

孩子在两岁左右处于心理依恋的非常时期，很容易在父母不在的情况下出现焦虑不安、烦躁、做事情不专注、以哭闹吸引父母注意并发泄情绪的现象，是一种缺乏心理安全感的不安全依恋倾向。如果长期固定由

妈妈照顾，孩子对爱的需求就全部来源并取决于妈妈，自然对妈妈存有特别的依恋。而妈妈们如果对孩子过度保护，尤其是在孩子处于婴幼儿时期，妈妈对其他人的照顾不放心，事事亲力亲为，与孩子形影不离，孩子缺

乏和其他家人的亲密接触，自然在他眼中就只有妈妈。

对于只认妈妈的孩子，可以让孩子和爸爸一起玩耍，让爸爸更多地当孩子的玩伴。当然，并不是要妈妈完全从孩子的游戏活动中抽身出来，而是让孩子的爸爸尽可能多地分担妈妈的一些角色和任务，对孩子的一些缺乏安全感的表现做出阳刚的、高大的、包容性的回应。

让爸爸参与进来

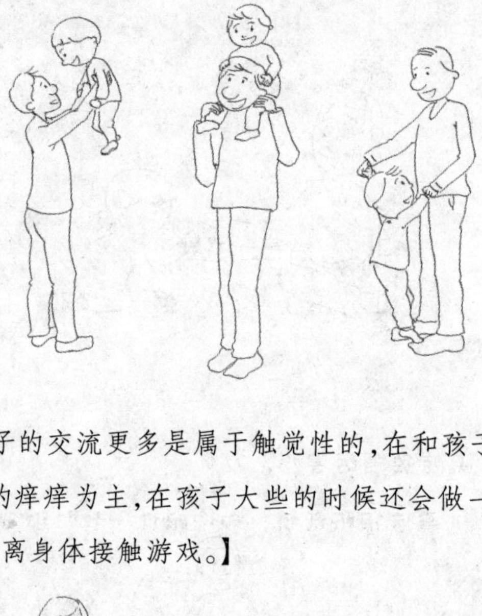

【爸爸对孩子的交流更多是属于触觉性的，在和孩子的活动中也以举起孩子、挠孩子的痒痒为主，在孩子大些的时候还会做一些孩子很喜欢而妈妈很担心的距离身体接触游戏。】

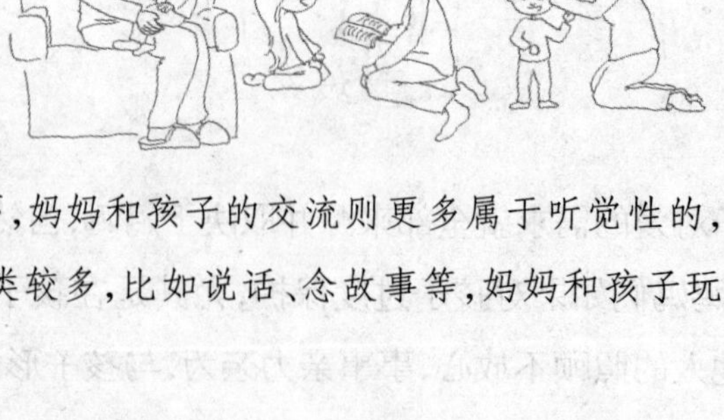

【相比之下，妈妈和孩子的交流则更多属于听觉性的，和孩子的互动活动也是语言类较多，比如说话、念故事等，妈妈和孩子玩的游戏更多的是常规式的。】

孩子能够从爸爸的非常规式的触觉性活动中获得更多的能力，在心理上既能对健壮的爸爸产生安全的心理依赖，又能在爸爸的保护下完成向外界探索的行动。

用嘉宝爸爸的话说："妈妈和孩子有时候应该互相'眼不见为净'。"如果妈妈感觉到孩子对自己出现了过度依恋的表现，就要适当地进行调整，一方面不要让孩子感到妈妈的不耐烦和逃避，那样会加重对妈妈的依恋情绪，另一方面要鼓励爸爸和孩子交流互动，让孩子觉得自己既没有失去妈妈的关注，又获得了爸爸的陪伴。

◎父母角色各有特点和优势

【从脑科学的角度看，妈妈的大脑比较感性，很容易理解孩子的感受并能够及时对孩子的情绪做出适当反应；而爸爸的大脑更趋于理性，更容易看到事物的本质，对孩子的行为和想法做出理性的预测。】

【从心理学的角度来看，妈妈更多的是给孩子照顾和爱，而爸爸则更多地从男性的角度给孩子传递力量的感觉，给予孩子自立、坚强、自信和宽容。】

【从生活状态来看，妈妈关注孩子的身体健康，并教会孩子学会生活自理；而爸爸则教孩子如何适应社会，并开发创新能力。】

【从具体的教育方式来看，妈妈会在生活上对孩子精心照料，在心灵上给孩子温柔抚慰，偏重于细心叮嘱和耐心教导，在“管”和“说”上面表现突出；而爸爸往往对孩子的生活细节不甚关注，而在“行”和“形”方面比较重视。也就是说，妈妈重在教孩子可以感知并操作的生活细节，爸爸重在教孩子精神和心理方面的品质，品格。】

嘉宝爸爸每天下班之后会和嘉宝一起玩，他的玩耍方式和我截然不同，总是倾向于鼓励嘉宝挑战新的东西，并交给孩子方法，引导她寻找解决问题的技巧，比如如何把一盘菜盘更稳地端到客厅、如何磕破生鸡蛋的蛋壳、如何为自己摆放舒服合适的桌椅。很多时候嘉宝爸爸还会自己动手和嘉宝一起制作秋千、小风筝等，在促进孩子建立自信心的问题上，我承认他做得比我好，因为我总是忍不住直接为嘉宝代劳。

有一点让嘉宝对爸爸最为满意，就是和爸爸玩一些只有爸爸才会玩的刺激游戏，像“举高”、“直升飞机”、“原地旋转”等这些我的体力和精力绝对无法完成的事情，那些让我看得惊心动魄时候往往是嘉宝最放松、尽兴的时刻。

在家庭中，对孩子的教育通常都是以妈妈为主，因此孩子会比较黏妈妈。和妈妈的接触多，亲切感也会更浓烈，依恋妈妈的时候也会更多。如果爸爸能够在适当的时候以适当的方式表达对孩子的爱，通过一些行为或动作传递父爱，就会让孩子感觉到来自爸爸的温暖和力量。

对于一个家庭而言，抚养孩子并不是妈妈一个人的责任，爸爸也要积极参与。爸爸妈妈可以根据自身的特征、通过对人际关系的思考，去观察自己与孩子间的互动依恋，更能让孩子得到父母互补而均衡的爱。

让孩子懂得“规矩”

黏人的孩子对妈妈特别“缠”，很大程度上是在生活细节上对妈妈的依恋性和依赖性很强。有时候，你要求孩子不能怎样，否则你就怎样，可他的“黏劲”一上来，你就不得不一次次妥协了。这样的规矩对孩子来说仅仅是妈妈随口说说的恐吓语言，没有半点威慑力，孩子自然也不会按照你的要求做，依然我行我素，该黏人时还是照样黏人。

当然，如果你认为让孩子懂规矩就得制定一些硬性的规章制度，那也错了。那些太过细致，约束范围设定过宽，连孩子的正常行为也受到了严重束缚和压制的“规矩”会加剧孩子的不安全感。

【第 1 天】

【第 2 天】

比如，你对两岁半的女儿说：“从明天起，妈妈不会给你喂饭了，你必须学会自己吃饭。”可到了第二天，看到女儿一点点慢条斯理地扒拉着碗里的饭菜时，看着时钟越走越多时，你按捺不住，冲上去端着碗又开始喂起来，还抱怨着：“说过不喂你的，可你看看，吃了半天饭菜还是原封不动，

都凉了！今天我喂你，好好吃，明天一定自己吃了！”可是，明天呢？明天的明天呢？你还是一边唠叨一边喂饭。

还有的家长一心为孩子立规矩，却连自己都做不到。比如，家长规定：吃饭时只能吃饭，不能缠着妈妈。可妈妈自己却经常在吃饭时和爸爸聊天，或是长时间接打电话，这样会让孩子认为自己受到了不公平对待，觉得妈妈说到不做到，言而无信，渐渐地使妈妈在孩子面前失去威信，而孩子也会为自己黏妈妈找各种各样的理由，因为“你们大人都那么做的！”

所以，让黏人的孩子懂“规矩”很重要，规矩的设立更重要。

【在制定规则时要从孩子的需要和特点出发，大人和孩子共同参与，通过沟通、理解、协调，达到一定的共识。这样通过讨论一同做出的规定，既是对孩子的尊重，也能够建立起适当的规则，才能被孩子自愿接受并自觉遵守。】

爸爸妈妈的责任是引导孩子运用他的思维和能力解决问题，而不是包办代替他做出决定。孩子所需要的是作为生活中的朋友式的指导和帮

助。而不是长官式的命令。如果你在孩子的成长过程中扮演的是一位严厉的长官，或是包办一切的保姆，成人帮助他们做出所有的决定，使孩子没有任何自主性去面对自己的生活，不仅会使孩子产生强烈的依赖性，缺乏个性，懦弱而胆怯，还会在他独立面临必须由自己做出决定的时候束手无策、无所适从。

对于一些依赖性很强的孩子来说，在生活上的“规矩”和必要的指导更能够让孩子逐渐在细节中获得成功的积累，渐渐拥有“不靠妈妈，我也能做好”的自信，对妈妈的过度依恋也会趋于正常。

第 8 章

在玩乐中建立亲子关系

高质量地和孩子一起玩耍

孩子对父母有天然的依恋情绪，越小的孩子越需要成人的帮助。家长不要认为孩子小的时候有人照看着能够保证孩子的安全，孩子不哭不闹就行了；也不要以为孩子大一点了给他买一堆玩具或放 CD、MP3 让他自己玩耍、自己听故事就可以了。其实，孩子更多的是需要父母的陪伴——高质量的陪伴。

繁忙的工作和快节奏的生活让家长们没有太多的时间来陪伴孩子嬉戏玩耍。为了弥补由此带来的情感缺失，家长们想到了弥补品——最能让孩子感到快乐并启发孩子智力的各种玩具，并认为，孩子有了这些自己精心挑选的玩具们的陪伴就不会感到无聊了，自己也就可以安心上班、放心做家务了。

玩具在孩子成长过程中的确有不容忽视的作用，但并不意味着玩具可以完全取代父母的陪伴和玩耍，毕竟玩具没有生命、没有感情。所以，当你买了玩具给孩子后，还要记得和孩子一起玩这些玩具，让玩具作为你和孩子建立亲子关系的桥梁，通过玩耍的过程让孩子感受到你对他的深深关爱。

◎怎么才算“陪孩子玩”？

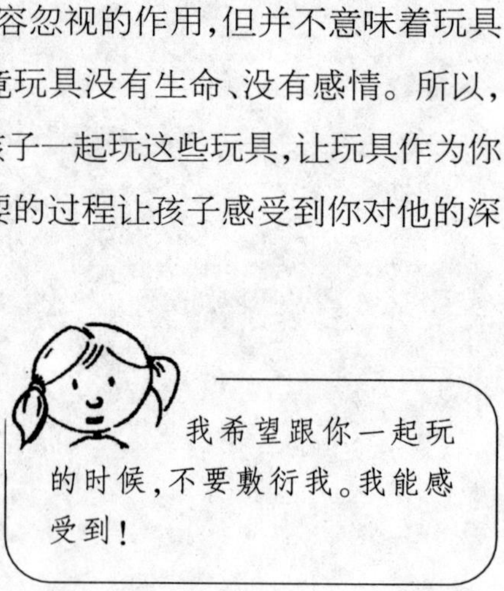

如果仅仅想让孩子用玩耍来打发时间、不再无理取闹或对你死缠烂打，那么只需要给他一个漂亮的、结实的、新的玩具就可以了。但是，如果想让孩子玩得高兴，并且在玩耍中和你建立良好的亲子感情，还要通过玩耍学习知识、发展手眼协调及思

维等各种能力，那就需要你把自己化身为称职的“陪玩”才行，真正把自己变成孩子的玩伴或是玩具才能达到高质量玩耍的目的。

我很喜欢跟孩子一起玩，很享受和孩子在一起的浓浓亲情。尤其喜欢看到孩子在游戏中开心大笑的笑脸。那是怎样一张迷人的脸啊！那是天底下最美、最能让我忘记一切烦恼的笑靥。但事实上，我一开始并没有做好一个称职的“陪玩”，和嘉宝做游戏时没有得到好的结局，常常我很懊恼嘉宝的“不按套路出牌”，而嘉宝很不喜欢我的专制，本来好好的亲密接触却时常以厌烦甚至哭闹收场。这是怎么回事呢？

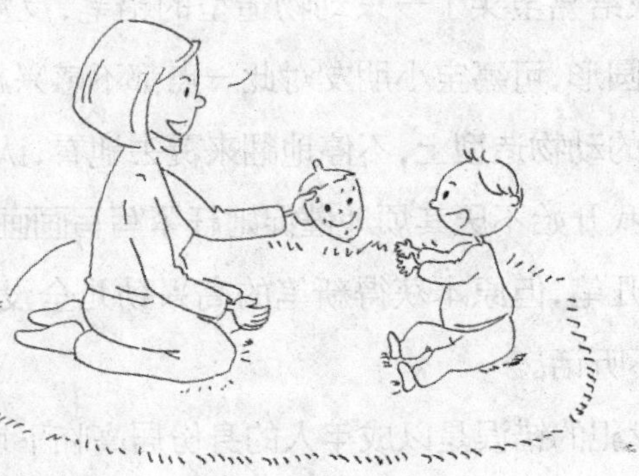

原因在于，我在游戏中没有照顾到嘉宝的情绪，总是以一个成年人的思维和眼光以及想法来控制整个游戏过程。比如，在嘉宝九个月大的时候，朋友送了一个会说话的草莓娃娃。我兴致勃勃地教嘉宝如何打开、如何和娃娃形成一问一答的模式。可嘉宝看见漂亮可爱的草莓娃娃兴奋得不得了，对着娃娃就是一口。我立刻懵了，眼睁睁地看着草莓娃娃黑色的“头发”上牵出了一条晶莹剔透的口水。等我反应过来以后赶紧一把抢过娃娃，一边张罗着拿毛巾擦拭娃娃，一边责怪嘉宝：“这是给你玩的，不能咬，不然就不给你玩。”嘉宝看着到手的草莓娃娃又被我给拿走了，当然又是一场哭。

还有一次，我给嘉宝买了一只动物造型的铅笔，反复教她如何握笔、如何在纸上画出圆形，可嘉宝小朋友对此一点都不感兴趣，她的全部注意力都集中在铅笔的动物造型上，不停地翻来覆去地看，认真而仔细地一遍遍抚摸。此时的我开始不厌其烦地催促她赶紧写写画画。虽然最终嘉宝还是撇着嘴画了几笔，但原本获得新笔的高兴劲儿全没了。而我也很郁闷她的不配合、不听话。

现在想来，我犯的错误是以成年人的身份居高临下地替孩子做了主，本应是游戏主角的孩子成了我的不情愿的配角。其实，生活中许多爸爸妈妈都或多或少地犯过和我类似的错误。所以，我们应该树立这样一个观点：游戏的主体是孩子，是我们在陪孩子一起玩，而玩耍的目的是让孩子开心。

温暖的满足——和妈妈玩的游戏

孩子和妈妈一起玩游戏，他会因妈妈的温柔、细腻、体贴而获得身心的愉悦感，体会到被母爱包围的安全感和舒适感。对于妈妈来说，和孩子一起游戏，也是建立亲子关系最好的方法，孩子有强烈的好奇心，渴望了解周围的世界，所以，在玩游戏的过程中收获其他更多的好处，比如能锻炼他们的手眼协调能力，开发智能，学到一些知识等。

那么，哪些游戏适合妈妈和孩子一起玩呢？

◎**妈妈陪0～6个月孩子玩的游戏**

对于0～6个月的孩子，妈妈可以有目的地和孩子玩一些提升视觉空间智能、肢体运动智能的游戏，同时加强对音乐智能的开发和培养。

具体的游戏包括：

虫虫飞：妈妈轻轻握住孩子的手腕，帮助孩子立起双手食指，让孩子的两个食指指尖相互接触之后再分开，随着妈妈嘴里念出儿歌："逗虫虫，咬手手，大虫咬小虫，虫虫虫虫飞喽！"妈妈握着孩子的手，带领孩子一起随着节奏做分、合的动作，不仅可以提高孩子的练习兴趣，还能训练孩子手指的灵活度，刺激大脑的方位知觉感。

羽毛挠痒痒：妈妈可以准备一根干净、较柔软的羽毛，缓慢地在孩子的身上从上至下地划过，一边划动一边用语言对孩子做出提示："我的羽毛要到宝宝的脖子那里玩啦！""现在，羽毛划到了一个胖乎乎的小脚丫上，这是谁的小脚丫啊？"

这个游戏能让孩子被羽毛挠得酥痒，心情变得舒畅，能够丰富孩子的触觉，对稳定孩子的情绪、促进食欲很有帮助。同时，缓慢移动的羽毛还能锻炼孩子的眼球控制能力。妈妈轻柔的提示语更能让孩子结合真实的身体感触体会到和妈妈亲密接触的愉悦感。

玩小手：孩子天生都有喜欢玩自己小手的特点，他们通过看、玩自己的小手来做第一次认知游戏。

妈妈可以按照一定顺序抚摸孩子的每个手指，嘴里念着手指儿歌："大拇哥，二拇弟，中山羊，四小弟，小妞妞，来看戏。""一个手指拉钩钩，两个手指捡豆豆，三个手指系扣扣，四个手指提兜兜，五个手指握一起，攥个拳头有劲头。"

通过这样的游戏可以促进孩子在看、玩的过程中感知手与手指，促进手部小肌肉的发育和精细动作的发展。

一起唱歌跳舞：妈妈可以抱着孩子一起在轻柔的音乐中跳舞。可以让孩子安静倾听，也可以轻握孩子的小手，让他依偎在妈妈的肩头。在轻柔舒缓的音乐中，妈妈抱着孩子缓慢地移动舞步并不时地旋转；在欢快轻松的乐曲声中，妈妈也可以适当加快舞步，让孩子通过妈妈的身体变化感受不同乐曲的曲风特点。

◎妈妈陪1～3岁孩子玩的游戏

随着孩子逐渐长大，妈妈的游戏可以根据孩子的年龄特征和身体发育情况进行逐步调整，所以，孩子1岁之后妈妈要注意着重培养孩子的语言表达能力、身体协调能力及逻辑思维能力。比较适合的亲子游戏有：

念儿歌、认图片：对孩子进行语言刺激是从孩子出生之日起就应当开始进行的。妈妈要让孩子尽可能多地接触规范、准确的发音训练。可以反复给孩子念儿歌、同时结合图片让孩子看。比如妈妈拿着画有太阳的图片给孩子看，嘴里说出关于太阳的儿歌："太阳红、太阳圆，太阳公公笑眯眯。"

采蘑菇：妈妈可以剪一些蘑菇的图形并着色，让"蘑菇"散落在地上。让孩子捡起蘑菇再返回妈妈身边。这个游戏能够训练孩子走和蹲的肢体动作，培养孩子耐心、细致的良好习惯。不仅训练了孩子的坚持性，还能让孩子在采摘蘑菇的过程中获得自信，对孩子形成安全依恋很有帮助。

送玩具回家：在孩子使用玩具之后，妈妈可以引导他把散落的玩具一一收捡并放回玩具箱里。妈妈可以协助孩子如何整理小书本，也可以以语言的形式提示孩子"小手枪在你的左脚旁边。"这样不仅锻炼了孩子的动手意识和能力，还让孩子养成了良好的生活习惯，增强了孩子的秩序感。

豆豆运动会：对于2岁半至3岁左右的孩子，妈妈可以在塑料盘中放黄豆、芸豆、蚕豆等不同种类的干豆，教孩子对这些豆子进行分类。在孩子分好之后，指导孩子在每种豆子中取几粒分别放在注有水的碗里。第二天让孩子看看豆子发生的变化，并仔细观察哪种豆子变化最大。

这个游戏是一种观察性的活动，能够锻炼孩子分类、归类、集中注意力等多种技能，也能让孩子初步了解因果关系。

◎妈妈陪3～6岁孩子玩的游戏

角色扮演：随着孩子年龄的增大，接触的事物增多，看到的、听到的各种信息也陡增，孩子们会以自己特有的方式加强这些外来信息的记忆，并且结合自己的想象把这些信息进行重新整合。角色扮演就是其中最典型的游戏。孩子通过看书和看动画片了解了不少具有鲜明特点的人物形象，就会以自己的理解、按照自己的方式对这些角色进行重新演绎。而绝大多数情况下，和孩子一起“搭档”的都是孩子的妈妈。对此，妈妈应当关注孩子的积极情绪，配合孩子的表演欲，在空闲时和孩子一起制作角色扮演所需要的简易服装或造型，

厨房元素：孩子手、眼、脑已经发展得越来越协调了，妈妈不妨允许孩子进入“神秘”的厨房，让他亲口品尝调料、亲手制作面食、亲自拌水果沙拉、择菜洗菜等，满足孩子的好奇心的同时让他参与家务劳动。

动手制作：妈妈把衬衣纸衬板、卫生纸纸筒芯、牛奶盒子、空药瓶、彩色纸张等提供给孩子，和孩子一起利用废旧物品动手制作独一无二的专属玩具。

孩子自己操控游戏进程，始终都是一种自由、轻松、活泼的氛围，在这样的气氛中，孩子能够不断发挥自己的想象力，产生创造的欲望并享受着控制游戏进程和内容的自信感和满足感。不仅对增强孩子的思维能力有很明显的提升效果，还能使孩子把通过主宰游戏获得的满足感转变为安全感并外化到现实生活中。比如孩子怕小虫子，但他扮演的角色是一个坚强勇敢的形象，妈妈可以鼓励孩子像那个角色学习，孩子会逐渐把在游戏中的那种勇敢转移到现实生活中，逐步战胜心理恐惧。

来点"刺激"的——和爸爸玩的游戏

几乎所有的爸爸都是粗线条的，爸爸也许永远都无法像孩子的妈妈那样在生活上对孩子细致入微地照顾，但是，爸爸却能做到一件妈妈很难做到的事——和孩子一起"疯"。

爸爸的体力、灵敏度、思维方式和妈妈有相当大的差别，妈妈很难胜任的游戏在爸爸看来简直就是"小菜一碟"。有不少游戏真的只能和爸爸一起玩才会感到更"刺激"、更有意思，更能培养孩子的勇气和应变能力。

◎爸爸和0~6个月孩子玩的游戏

蹭痒痒：爸爸握着孩子的小手轻轻抚摸自己的下巴，让孩子感受到胡须扎着手心的触感。

小手拍大手：爸爸摊开左手，右手扶着孩子的一只手，拍在自己的左手手掌上，让孩子听到发出的清脆声音。几次之后，鼓励孩子自己用手拍

击爸爸的手掌。

做鬼脸:爸爸抱起孩子或是俯下身体把脸凑近孩子的脸,一会儿慈爱地看着孩子的眼睛,一会儿鼓起腮帮子,一会儿耸鼻子,一会儿发出叽里咕噜的搞笑声音。当孩子伸出小手触摸爸爸的脸颊时,爸爸朝孩子的小手吐气;当孩子摸到爸爸的耳朵时,爸爸配合着吐舌头。

钟摆宝宝:爸爸双手握住孩子的腋下,慢慢将孩子抱起,伴随音乐节奏或儿歌的节奏,像钟摆一样有韵律地摇摆孩子。除了左右摇摆,还可以做前后摇摆的动作。要注意摇摆速度不宜过快,摇摆幅度也不能太大。

◎爸爸和1~3岁孩子玩的游戏

坐"飞机":爸爸用一只手托住孩子的胸部,另一只手托住他的小腿,原地转圈或者跑几步。或者爸爸躺在床上,双手分别抓住孩子的双手,用双脚托住孩子的腹部,稳定孩子之后前后摇摆或者左右摇摆。

爬"山":爸爸坐在床上,让孩子从爸爸的脚、后背、胳臂等不同地方开始爬起,在爸爸的身体上"翻山越岭"。

打滚：爸爸抱着孩子一起在床上或沙发上滚动。

对于0～3岁的孩子而言，妈妈照顾了他的日常饮食起居，在心理上对妈妈的依恋更为强烈。但爸爸如果能够多和孩子玩这些“刺激”的游戏，不仅能够彰显爸爸与妈妈的不同，还能让孩子在感受到濒临危险却又能在爸爸有力手臂和宽厚胸怀的保护下转危为安的感觉，更能树立爸爸在孩子心中的形象，更能增强孩子获得的安全感体验，因为他明白，爸爸会保护自己不受伤害的。

◎爸爸和3～6岁孩子玩的游戏

对于3～6岁的孩子，爸爸的游戏开始变得更好玩了！

打仗：男孩尤其喜欢和爸爸玩这个游戏，常常尽情地在沙发、衣柜、门后玩得大汗淋漓，虽然有时候会把妈妈精心整理的衣柜弄得乱七八糟，但爸爸能和自己结成联盟，在妈妈的嗔怒嘻嘻哈哈地收拾衣柜。和自己站

在同一战线，能让孩子对爸爸产生认同感。

拳击比赛：不管男孩女孩，都可以参加拳击比赛，而比赛的对象就是卷起来的棉被，或者某个可怜的靠垫。

骑大马：这是所有孩子都爱玩的游戏，而这个能让自己像骑士一样勇敢坚强的“大马”就是任劳任怨的老爸！让孩子在自己的背上坐稳之后，老爸就可以开爬了。

修理玩具：玩具坏了，妈妈总是第一个不满和唠叨的人。妈妈是绝对不允许拆玩具的！可满足孩子探索欲望的人总是爸爸，他会为孩子准备好小工具，和孩子一起动手探究。

自驾游：妈妈们普遍倾向于带孩子去室内的游戏场馆玩耍，或是有目的性地让孩子走出家门认识、接触外界。而爸爸就不同，爸爸更喜欢远足，更喜欢自驾游，更喜欢让孩子在看起来或许不太干净卫生的环境中尽情尽兴地玩耍。

需要提醒爸爸的是，“疯”玩的前提仍然是“安全”，像家里的电源、热水、家具尖角等都是破坏爸爸当“第一玩伴”的障碍。有一次嘉宝爸爸抱着嘉宝旋转，结果可怜的孩子一头撞在了门框上，哇哇大哭。爸爸的悻悻讪笑和后悔并没有让我的埋怨和唠叨停止，而且从那次之后，我就会特别担心这个细心一世粗心一时的爸爸会再犯同样的错误，所以总是提醒吊胆，严密注视、杜绝此类行为的再次出现。所以，爸爸们为了不让孩子受伤、不让妈妈担心，让自己的耳朵清净，还是得多多注意排除各种安全隐患。

隔代亲——和家中老人们玩的游戏

老人更有耐心对待孩子的调皮；老人的宽容也能够让孩子的想象力得到更好地发挥；老人拥有更丰富的育儿经验，能够对孩子对安全问题做出更强的预知能力并能适当防患于未然。再加上老人没有其他琐事，能够全身心地投入到照顾孩子中去，甚至寸步不离地守着，所以孩子出意外的几率也会降低。另外，老人经历过生活的沧桑，心态比较平和豁达，做事也小心翼翼，这些也会潜移默化地影响孩子，从而降低他们鲁莽行事的可能。

就游戏而言，针对老人们普遍身体技能减弱，不能胜任与奔跑、承重等相关的游戏，而更适合安静、小区域的活动，所以比较适合听音反应、石头剪子布、手工制作等小游戏，老人们能以耐心和宽容和孩子一起锻炼坚持力、协调力，不仅增强了隔代亲子关系，还能使老人自己的头脑、肢体得到一定锻炼，避免或减少心脑血管疾病和老年痴呆的发生。

◎老人可以和孩子玩的游戏

拉大锯、扯大锯："拉大锯，扯大锯，姥姥家门口唱大戏，接闺女，聘女婿，小外孙子也要去。"相信绝大多数爷爷奶奶或者外公外婆都会唱这首儿歌。老人可以边唱儿歌边用手扶着孩子的后背或者牵拉孩子的双臂，慢慢地把孩子由坐姿变成仰姿，反复交替进行坐起和躺下的游戏，不仅可

以锻炼孩子的颈背部及腹部肌肉,还能让老人和孩子一起享受到天伦之乐。

做这个游戏时,为了安全着想,老人尽量不要直接拉孩子的手,而要握住孩子手腕关节之后的部分,这样可以避免孩子兴奋时突然扭动身体而出现腕关节脱臼的危险。同时,爷爷和孩子玩这个游戏,奶奶可以在孩子身后加强保护。

听音反应:老人用较快速度指自己的身体部位,让孩子说出这些部位的名称。比如爷爷背对或面对孩子坐好,用手指着自己的右腿,孩子要说出“右腿”才算正确。随着游戏的顺利进行,爷爷还可以不断提高速度,让孩子在看似紧张的气氛中快速应答。玩这个游戏,可以让孩子的方位感得到增强和确认,对于左右不分、“你的”“我的”混淆的孩子特别适宜。

手工制作:对于忙于工作、下班回家时间紧凑的爸爸妈妈来讲,孩子的爷爷奶奶更适合和孩子一起做一些需要更多时间才能完成的手工制作游戏。在制作手工的过程中,老人更会以充分的耐心对待孩子不时的捣乱,更会一遍遍耐心指导孩子处理一些细节问题,比起孩子父母年轻气盛对孩子的胡乱参与大声呵斥;比起孩子父母看到孩子慢吞吞找零件、工具在眼皮底下还四处翻找时忍不住的包办代替，老人们更适合和孩子玩一些需要耐心、锻炼坚持力的制作类游戏。

小帮手：孩子3岁左右，老人可以在带孩子去超市购物的时候和孩子玩“我是小帮手”的游戏。老人先列出购物清单，也可以在清单上画或贴上相关商品的图片，比如剪下早市时领到的超市宣传页，把上面需要购买的商品图片剪下来贴在清单上。到了超市之后，让孩子拿着清单按图寻找。这个游戏很生活化，能够培养孩子的观察能力和动手能力，只要老人在孩子寻找商品的过程中贴身跟随，关注孩子的安全，这样的游戏是很能满足孩子的探索欲的。

输了有“惩罚”——很多人一起玩的游戏

在家庭中，如果全家人能够利用休闲时间和孩子一起玩游戏，不仅能够让孩子在多对一的活动中感受到家里的所有成年人对他的保护和配合，心理安全感油然而生，对父母、祖辈的信赖度也不断提升；而且，家里的大人们也以孩子为中心各自展示、相互协调，各成员之间的默契程度也有所增加，婆媳之间、亲家之间也能够以孩子作为共同合作的桥梁，在游戏中融洽家庭关系。

◎适合全家人一起玩的游戏

猜谜:孩子很喜欢探索未知事物,猜谜对他来讲不但能吸引他的注意力,提高游戏的积极性,同时也能激发他的推理和想象力。成年人可以根据书本里既成的谜语对孩子提问,也可以随时以目光所及之处寻找可以出谜面的东西,给孩子提供一定的特征线索让孩子推想答案。还可以用比手画脚的方法让孩子看大人的动作说出正确答案。

搬运工:这个游戏是让每个参与游戏的人伸直双臂,在头顶或伸直的手臂上放上一本书,保持固定姿势不变,把书从房间的一边运到另一边。如果谁能够坚持不掉下来,谁赢得了胜利。如果谁运输途中掉书了,就要接受全家人的惩罚。惩罚形式是被全家人轮流刮一下鼻子,或是必须按照别人的命令做一件事。比如,嘉宝掉书了,我就让她“举起双手,单腿跳着转一圈。”或者“左手揪右耳朵,右手揪左耳朵。”

这个游戏能够帮助孩子训练平衡能力,发展持物运动的能力。家中的成年人和孩子之间能够通过这样人人参与的活动中增强含有竞技意味的锻炼,也能促进孩子在“比赛”中对自信的树立,对他建立对成年人的安全依恋很有帮助。

字词接龙:由于孩子年龄尚小,成人不用要求孩子必须说出四字成语或短语,可以适当放宽要求,除了使用发音相近的词语之外,还可以用一句话来接龙。大人说了一句话之后鼓励孩子根据话语的最后一个字或词语再说一句话。

比如奶奶说“我今天买了猪肝。”

妈妈说“猪肝炒着吃真香!”

爷爷说:“想(香)吃猪肝的举手!”

爸爸赶紧举手说:“举手的人是我!”

孩子接着说“我也要吃!”

这样不限定以最后一个字来接龙，而以单字、词语、短语或一句相对完整的话来相接，不仅能够引导孩子发现游戏的玩法和规则，还能激发孩子的参与活动的兴趣，更能促进孩子在不知不觉当中学到词语的灵活运用和句法的基本结构。

扑克牌比数字：这个游戏很简单，只要拥有一副扑克牌就能完成。选出一个人整理扑克牌，全部参加游戏的人按照一定的顺序每人轮流从扑克牌中抽取一张，然后同时出牌，谁是数字最少的那个谁就输了，就要接受一定的惩罚。玩这个游戏时，可以提前把扑克中的A、J、Q、K等抽出，只留下标有2～10等阿拉伯数字的扑克牌，这样可以避免对孩子造成不必要的干扰。

扑克牌游戏不仅简单，容易进行，而且能够让孩子初步认识数字，了解数字之间的大小关系，对孩子逐步了解数量概念打下基础。

耳语传话：全家人自由站队，由一个人做裁判。开始游戏之后，裁判对站在第一个位置的人小声耳语一句话，让第一个人听懂之后悄悄说给第二个人听，依次按顺序传到最后一个人，最后由最后一个人大声地说出来。因在传话过程当中容易出现各种参与游戏的人听不清、听漏听错或者"自由发挥"而容易出现笑场的情况，为这个游戏增添了很多笑料。

耳语传话游戏能够增强孩子的瞬间记忆能力，也能促进家人之间的和睦相处和融洽。对于营造家庭良好而和谐的氛围十分有利。孩子在温暖又充满了欢声笑语的家庭中生活，获得的自信度和安全感会十分强烈。

◎游戏中需要注意的事项

游戏要遵循孩子的身心发展规律。游戏活动要遵循婴幼儿的发育规律，不要对孩子提过高的要求，也不要以过低的标准让孩子太容易达成目标而减弱了孩子参与游戏的兴趣度。

游戏时间要适宜。学龄前的孩子处于发育阶段，精力有限，玩耍时间过长容易疲劳。而刚吃过饭就玩一些运动量较大的游戏也会影响孩子对食物营养的吸收，不利于孩子的肠胃消化。临睡前玩剧烈活动也不好，会使孩子的大脑皮层处于兴奋状态，让孩子久久不能入睡，影响了日常休息。所以，爸爸妈妈不要顾此失彼，不要为和孩子玩游戏而游戏。一般情况下，游戏时间段应当在孩子吃饱睡足的时候，尽量选择饭后一小时。每次玩耍的时间不要太长。

游戏中给予孩子鼓励。为了增强孩子对游戏的兴趣，提高学习信心，在游戏过程中父母要不时地给予孩子肯定、鼓励与表扬，用亲吻和拥抱以及语言等多种形式给予孩子表扬和鼓励。

根据具体情况及时丰富游戏内容和形式。游戏活动的内容可以随时根据家庭生活的需要发生改变或改进，及时增添新的内容，不断扩大孩子知识面，促进智力发展。爸爸妈妈们可以根据自家的条件设计更多的游戏种类和花样，使游戏更切实可行、丰富多彩，让孩子更容易接受并乐于参与。

你是否也遇到过这些问题

第 9 章

他不适应保姆的照料

不少妈妈在休完产假后就要重返职场了，为了更好地照顾好孩子，不得不寻求保姆的帮助。可是，已经习惯了妈妈的爱抚和照料，一旦换人肯定会很不适应，有的孩子会大哭大闹，烦躁不安，甚至不吃不玩。这可怎么办才好？为了让孩子在心理上和生理上对保姆产生认同感和信任感，妈妈要提前做一些准备工作：

◎选择一个合适的保姆

有研究表明，在与成人的交往中，孩子较喜欢相貌端正的年轻人。考虑到孩子的适应性问题，在选保姆时应当选择年龄适当、相貌端正、没有不良嗜好的女性。

保姆的素质直接关系到对孩子照顾的质量。在选保姆的时候除了查看对方的相关资质介绍、育儿知识以及卫生状况之外，还要通过交谈或调查等方式了解保姆的性格和为人，选择口碑较好，对孩子有爱心、有耐心、性格开朗的保姆。

保姆不要经常性地更换，否则会增加孩子对不同人的适应难度，加深孩子的不安全感。

◎逐步淡化孩子对妈妈的依恋

如果确定了将有保姆来照顾孩子，妈妈不应当立刻抽身离去，把孩子完全交给保姆，而应当和保姆一起共同照顾孩子一段时间，让孩子和保姆相互熟悉，减少陌生感。在共同照顾孩子的过程中，逐渐增加孩子与保姆单独相处的时间。当孩子与保姆已经熟悉之后，可以逐渐增加保姆照顾

的内容及时间，进一步增强孩子与保姆的亲近感。

在平时休息时间或节假日，妈妈可以有目的性地带领孩子到户外玩耍，或是去亲友家做客，丰富孩子的视野，增长孩子的见识，让他结识更多的朋友，了解更多的新鲜事物，慢慢淡化对妈妈的关注度。

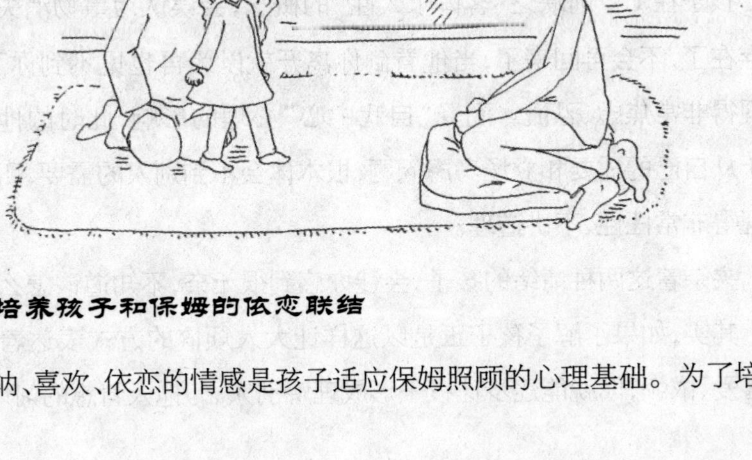

◎**培养孩子和保姆的依恋联结**

接纳、喜欢、依恋的情感是孩子适应保姆照顾的心理基础。为了培养

孩子和保姆之间的感情，你可以特意把一些容易让孩子高兴的事情交给保姆去做，增加保姆博得孩子好感的机会。比如孩子喜欢听故事，就把给孩子讲故事的任务安排给保姆；孩子喜欢玩橡皮泥，也可以让保姆陪着孩子一起玩。这样容易让孩子对保姆产生认同感，把保姆当作很好的玩伴，增强对保姆的依恋。

任性，不讲道理

孩子在 1 岁前缺乏“客体永久性”的概念，会误认为事物消失了就是不存在了，不会再回来了，当他看到你离开就以为再也见不到你了，就会表现得非常焦虑、恐慌。而受“自我中心”心理的影响，此时的他往往倾向于从自己的需要和立场考虑问题，根本体会不到别人的需要，所以又会表现得非常任性、不讲道理。

夹杂着这两种情绪的孩子，会让你感到很无奈，不知道该怎么应对才好。其实，如果了解了孩子正是以这样让大人烦恼的方式表达着对大人的喜爱、依赖，你就能逐步让孩子形成理解别人、为他人着想的习惯。

◎妈妈的态度决定了孩子的行为

通常情况下,孩子的任性、不讲道理和父母的抚养方式有很大的关系。受到父母迁就和过分娇惯的孩子,他的利己心理往往不断强化,认为自己周围的每一个人都是围着自己转的,久而久之就会认定周围的人必须围着我转,要是不听我的、不按照我的要求来做、达不到我想要的,就会以故意作对、不依不饶、不听任何解释和道理来表达不满、发泄情绪。

每个孩子都会经历从"自我中心"到"去自我中心"的心理历程,这个转过的过程也是对妈妈或亲人的依恋做出调整的过程。如果在这个过程中,妈妈对孩子的要求毫无原则地达成,孩子就会不断提出更多更高的要求,表现得"贪得无厌";如果妈妈对孩子的要求进行分析,敏感对待孩子的索爱信号,对孩子提出的合理的要求适当地达成,而对于那些无理取闹的要求理智对待,孩子就会不断从妈妈那里得到"正强化",感受到妈妈的原则性和对待自己的态度的明确性,孩子就会和妈妈建立稳定的信任关系,就不会总是以任性、不讲道理或是无理取闹的方式博得妈妈的注意、要挟妈妈达成自己的心愿,因为此时他已经明白,自己那样做是不会有任何结果的。

◎别着急判断,先了解原因

任性心理作为孩子心理发展的一个必经阶段,你首先要了解它是孩子对自己的索爱信号,希望从父母那里获得更多的关注、达到一些物质类的额外利益。所以,在此阶段你不要对孩子简单地否定或是批评,要看到孩子隐藏在任性后面的索爱心理,对孩子予以尊重和理解。既不以孩子太小为借口就对他百依百顺,也不轻易在孩子的哭闹任性之下放弃自己的立场,更不以不理不睬、冷眼旁观的态度漠视孩子的索爱需求。

比如,带孩子在户外玩耍,可孩子哭了起来,说什么也不愿走路。是

抱着孩子继续往前走，还是厉声责怪孩子“懒”？

这两种都是不明智的方法。此时你要先了解孩子为什么任性发脾气不走路，是想买东西不愿走，还是耍赖想要你抱。如果是前者，你要明确地告诉他，那个东西不能买，而且给他一个理由。同时让他明白，即使哭闹任性也没用。

如果孩子是耍赖想要你抱，你首先要确定孩子是不是真的累了，如果走路的时间并不长，孩子并不是因为累而发脾气闹别扭，不是身体不舒服，你可以和他一起停下来，告诉他：“说不抱就不抱。我们没走多远，我知道你不累，只是想要抱。但妈妈抱不动，如果你不走，那我也不走，咱们

就坐下来休息，什么时候你认为我们可以走的时候再走。”

或许，你会觉得孩子在大庭广众之下哭闹，会让别人看笑话，自己很尴尬，但是，和孩子讲道理，理智回应孩子的种种索爱表现比被不认识的人“看热闹”更加重要。而且，一旦孩子知道你会在那种情况下满足自己的一切要求，他就会专门找这样的时机“表现”。所以，作为妈妈，要内心坚强，在教育孩子的问题上要有原则。

◎给孩子情绪缓冲的时间

孩子也有面子，也会像大人那样在气头上听不进任何道理，出现妈妈苦口婆心地和孩子讲道理、摆事实，而孩子依然任性、不听话，而在他气消了之后又后悔不已。这样容易形成“认错很快但就是不改”的死循环。

在这个问题上，我的处理方法是把嘉宝当作大人看待，尊重她发泄情绪的权力并且给她一点时间调节自己，一旦看到自己的说理她丝毫听不进去时，第一时间告诉她：“妈妈说的你现在听不进去，这样吧，过会儿等你觉得你可以听我说话的时候，你再来找我吧！”给了孩子缓冲的时间，也明确了“妈妈并不是生你的气，而是让你自己清醒”的意思，孩子就会慢

慢发泄并调节情绪，等她平静下来，我们的谈话就比较容易进行了。而且往往孩子会主动过来说：“妈妈，我们把刚才的事情处理一下吧！”“妈妈，我不生气了，我现在好了，你还生气吗？”既然孩子给了我们一个台阶，就别过于为难他了，这个时候才是妈妈们开始循循善诱的最好时机。

总改不掉“吃手”的习惯

一些妈妈埋怨孩子总是吃手指头，又臭又脏。其实，孩子吃手是一个

普遍现象，大部分孩子从二三个月起就会吃手了，还有不少孩子从吸吮一两个手指到把整个手塞进嘴里。这都是他们通过吮指进行探索的表现，他是在认识自己的身体，同时也是一种自得其乐的游戏，还是一种稳定情绪，让自己安定的自我安慰方式。

妈妈，我只是因为寂寞才会吃手指。你每天都那么忙，忽视了与我的交流，我当然会自然地玩弄自己的手指和吸吮手指来解闷。

这种探索性吃手并不需要大惊小怪，甚至过多地管教。如果担心孩子吸吮时间太长，可以给孩子擦干净手之后给他玩具，打断他“看手－吃手”的游戏。当他渐渐长大，手眼协调和手功能更熟练之后，他就能自由拿取周围所能接触的新鲜事物，就会淡化吃手的行为。一般到了两岁左右，就不会再吃手了。

如果随着年龄的增长，三四岁的孩子依然吮吸手指玩乐，表明孩子出现了行为上的偏移。这种不良行为得不到及时纠正就会对孩子的身体造成危害。孩子一般会在六七个月的时候开始出牙，如果依然保有吮指手指的习惯，经常吸吮手指的牙齿就会受到影响，出现萌出不足的情况，造成上下牙之间有一个指头大小空隙，而常被孩子吸吮的那个指头还会出现掉皮、红肿，严重的还会发生变形。

此外，孩子由于经常吮指，在不断地进行吮吸动作的同时会使面部两侧的颊部频繁收缩，造成牙齿排列出现弓状变窄的情况，上前牙前突，同时由于手指的牵引而引起下颌前突畸形。

【在对待孩子吃手这个问题上，爸爸妈妈一定要有充足的耐心，不要使用一些过激的方式来处理孩子对吃手指的过度依恋。】

嘉宝吃大拇指长达四年，在四年当中我尝试过各种方式。看到她每天睡觉时啧啧有声地吸吮大拇指，不仅拇指被吸得发皱、掉皮，嘴唇也出现了干燥的现象，而且被口水浸泡过的拇指闻起来特别臭。我反复教育她多次，可她在清醒的时候一点都不会惦记吸手指的事，可只要睡觉迷迷

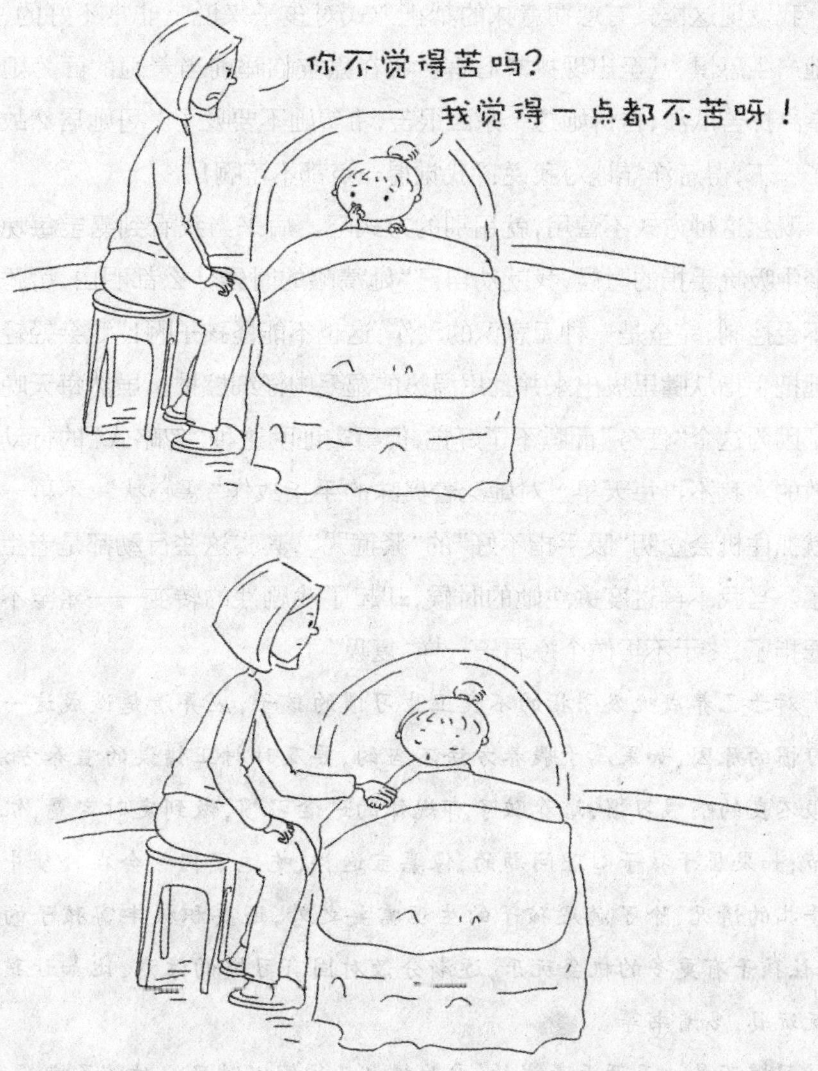

糊糊的时候，手指就往嘴里去了。为此我特别着急，很担心她的牙齿发育受到影响，也害怕这样的坏习惯会在不知不觉中吃下一肚子细菌。我尝试过往她大拇指上面抹莲心水、苦瓜汁、辣椒油、绑创可贴等，每次都满怀希望地盼望她能够“知难而退”，但每次看着她在睡梦中不顾苦辣、忘我吸吮的时候，我真是郁闷至极。

我发现这样具有惩罚意味的禁止方式对孩子来说是非常不好的，会让她产生恐惧，甚至出现挑衅心理。我在嘉宝临睡前当着她的面为她的拇指涂抹苦瓜汁，告诉她这个东西很苦，希望她不要吸了。可她居然故意舔了一下，得意洋洋地对我说：“我觉得一点都不苦啊！”

既然这种方式不管用，就用别的方式吧。后来当我看到嘉宝每晚在睡梦中吸吮手指的时候，我就劝自己“她清醒的时候什么都明白，可睡着了不受控制、完全是一种无意识的动作，这也不能怪孩子啊！”我会轻轻地帮她把手指从嘴里拔出来并且用温热的湿毛巾仔细擦拭。虽然每天晚上我都因为这个“任务”而睡不了好觉，但事实证明这种“忽略式”的行动是有效的。我不再每天早上对她泛着臭味的手指故作“恶心状”、不再一有空就抓住机会念叨“吸手指不好”的“紧箍咒”，其实这些行动都是老生常谈了。当我不再过度关注她的时候，却起了戏剧性的转变——嘉宝不吸大拇指了，终于不再像个瘾君子一样“复吸”了。

对于已养成吮吸手指的不良卫生习惯的孩子，应弄清楚造成这一不良习惯的原因，如果属于喂养方法不当的，要及时纠正错误的喂养方法，克服不良的哺喂习惯，培养孩子有规律的进食习惯，做到定时定量，饥饱有节；如果属于孩子心理问题的，像嘉宝这样，吃饱了仍然会在睡梦中吮手指的情况，除了满足孩子的生理需要之外，还要积极丰富孩子的生活，让孩子有更多的机会玩乐，逐渐分散对固有习惯的注意，比如让孩子多玩玩具，多看书等。

习惯不是一天两天养成的，要改掉也必须假以时日。对孩子嘲笑、恐吓、打骂、训斥，那样这样做不仅没有效果，反而还会让孩子感到害怕，情绪更加紧张不安，甚至产生自卑、孤独等情况。孩子被你严厉的声音、严肃的表情吓到，心里的安全感更加缺乏，更想通过吮吸手指缓解紧张情绪，这样反而使得吮吸手指的不良行为顽固化。

他不和爸爸玩

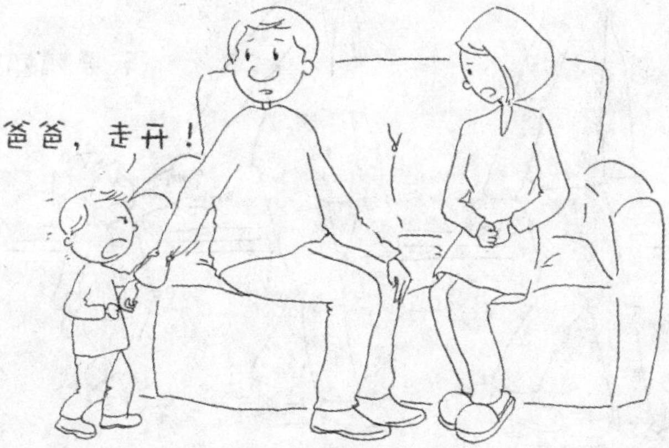

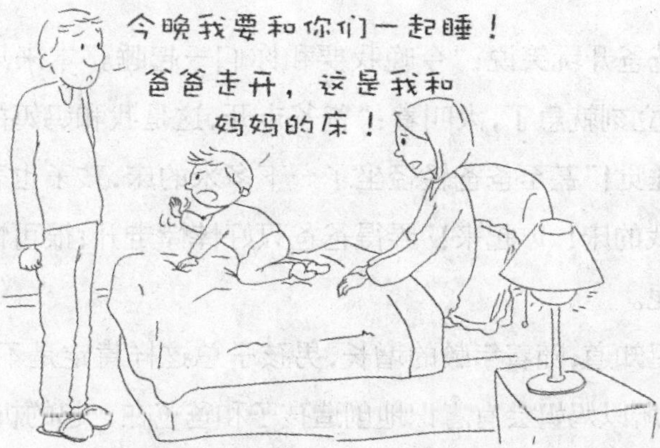

2岁半的多米由于爸爸工作忙，一直都由全职在家的妈妈照顾。晚上也和妈妈在一张床上睡觉，而爸爸一个人睡另一个房间。

多米和妈妈非常亲，和爸爸就比较疏远。比如，有时候一家三口一起看电视，多米很不喜欢挨着爸爸，哪怕多米在中间，爸爸妈妈分别坐两边，他也会觉得很别扭，一定要和妈妈坐在一起，并且让妈妈把他自己和爸爸隔开。

有时候爸爸开玩笑说：“今晚我要和你们一起睡。”本来只是逗逗多米而已，可他立刻就急了，大叫着：“爸爸走开，这是我和妈妈的床！爸爸回自己房间睡觉！”甚至爸爸轻轻坐了一下多米的床，孩子也表现得很强烈：“不许坐我的床！你起来！”弄得爸爸只好悻悻走开，很可怜地看着儿子和妈妈亲昵。

虽然妈妈知道，随着年龄的增长，男孩子总这样肯定是不好，他需要男性的榜样，所以妈妈会有意识地创造孩子和爸爸在一起的机会，可往往事与愿违。

比如一家三口去超市，妈妈觉得孩子走路累了就会说：“多米，让爸爸抱你一会儿吧。”可孩子立刻回答：“我不要爸爸，我要妈妈抱！”而多米爸爸也一脸不理解地问：“干吗非得抱着？这么点路要自己走。你别太宠他了。”父子两人的反应让多米妈妈很委屈，我是为了拉近这两个男子汉之间的关系，怎么都不领我的情，反倒是我没事找事了？

平时，多米也不喜欢和爸爸一起玩，都要黏着妈妈。而妈妈有意识地给多米爸爸分配一些陪孩子的“工作”，比如让他给多米念故事、换睡衣、冲牛奶。可往往爸爸不情愿了，有时候还坐着不动，而多米听了妈妈对爸爸的安排，等不及了总是嚷嚷着要妈妈。

多米的这个“只亲妈妈，不亲爸爸”的问题不是多米一个人的原因，而是包含了一家三口的因素，所以应当从三个方面来解决。

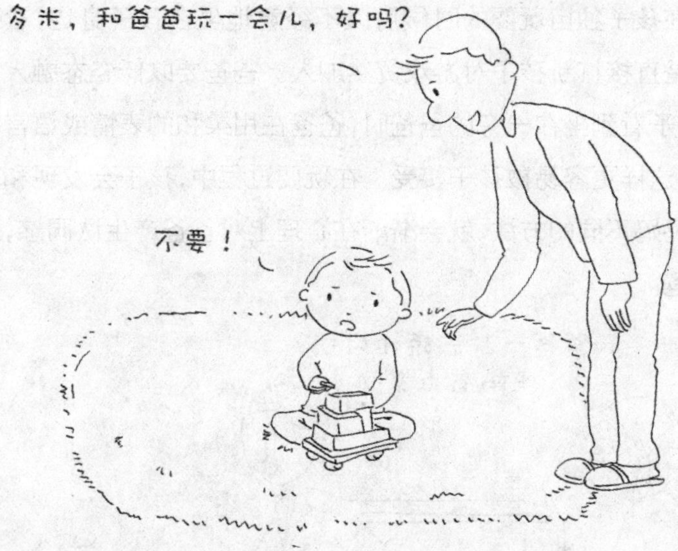

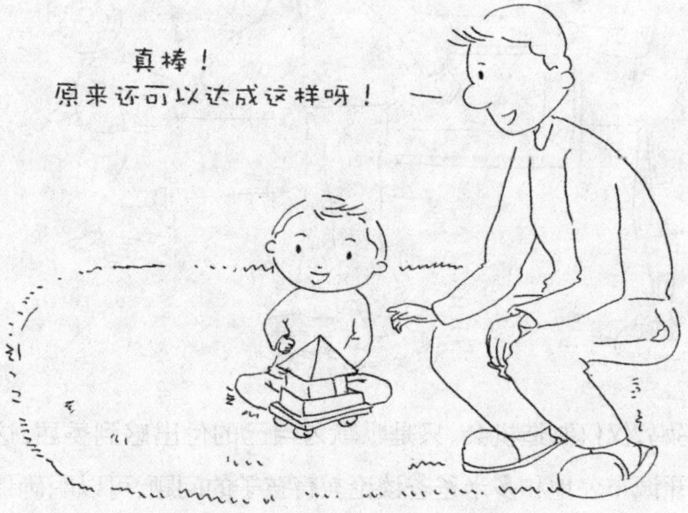

先说多米爸爸，他的责任感并不强烈，多米拒绝他之后他就自我放弃，没有想过“我可以怎么做才能接近孩子”，不努力、不争取、不主动寻找和儿子交流的机会和共同话题，多米怎么会喜欢爸爸呢？爸爸应当主动地陪多米玩耍、聊天，哪怕多米一开始比较抗拒，爸爸也可以在多米附近安静坐下看多米玩，而不是孩子一拒绝，就直接到书房玩电脑了。

爸爸在孩子独自玩耍的时候可以不经意地坐在孩子身边，看孩子玩玩具而不是直接打断孩子对游戏贸然加入。爸爸要以低姿态融入孩子的游戏，当孩子看到坐在一旁的爸爸时，爸爸在用柔和的表情或语言提出大家一起玩，这样更容易被孩子接受。在玩耍过程中，孩子会发现和爸爸玩能玩出与妈妈不同的方法，就会渐渐在心理上对爸爸产生认同感，愿意逐渐亲近爸爸。

作为妈妈，仅仅制造机会、只是默默为自己的付出感到委屈，这也是没用的，要开诚布公地和多米爸爸谈论教育孩子的问题，可以明确地把一些事情完全交给爸爸来做，妈妈绝不插嘴，让爸爸有全权抉择的权力。要

让孩子也明白，什么事情爸爸说了算。父母保持一致的教育态度，在具体细节上有所分工，会让孩子逐渐把完全以妈妈为重心、以妈妈的话为准则的习惯进行必须的调整，逐步了解不少事情时爸爸说了算。久而久之就会和爸爸形成一种依恋联结：临睡前是爸爸念故事，妈妈不越权，孩子就会形成习惯对爸爸产生依赖。晚饭后是爸爸陪着出门玩耍，孩子就会很期待并很配合地和爸爸一起出门。

妈妈也要鼓励爸爸发挥他的强项。比如，儿子喜欢玩比较刺激的游戏，妈妈的体力一般无法完成，爸爸这时候就要大显身手和孩子套近乎，让他看到自己的阳刚的一面。比如，女孩喜欢玩公主类的甜美型游戏，这时爸爸也可以发挥自己善于理性思考的特质，给孩子提一些建议，帮孩子处理游戏过程中棘手的问题，主动帮孩子找电池、粘玩具人偶掉下来的零部件等，让女儿感受到爸爸柔情的一面，慢慢喜欢和爸爸一起玩了。

对于多米来说，2 岁的男孩有一种天生的排斥父亲的倾向，精神分析把孩子这个时期对父亲的排斥描述为儿童的俄狄浦斯情结，也就是孩子恋母心理发展的重要阶段。而这个阶段也正是分离焦虑越演越烈的阶段，孩子恐惧失去妈妈或得不到妈妈的关爱，就会把妈妈抓得更紧、黏得更牢。但是，当这个阶段自然持续到孩子 5 岁之后，他又会自然而然地接纳爸爸，愿意和爸爸一起玩，尤其是男孩，5 岁以后会发展一种对父亲的崇拜，这种崇拜正是孩子性别角色发展的根源。

双胞胎，抱哪个都不行

对于龙凤胎的妈妈来说，既有双份的快乐，又有双份的辛苦。双胞胎确实可爱，但闹腾起来为妈妈制造的麻烦也是双倍的，而且由于出生并成长在同一个家庭中，两个一般大小的孩子很容易出现“争宠”的现象。

妞妞和晨晨是的一对龙凤胎。妈妈每次推着兄妹出来散步，妈妈抱着妹妹妞妞，而原本安静的哥哥晨晨突然咿咿呀呀叫了起来，两只小手朝着妈妈挥舞个不停，妈妈只好一手抱着妹妹，一只手拍拍哥哥安慰他，可哥哥见妈妈还是不抱他，哭得更凶了。妈妈赶紧放下妹妹，一把抱起来哥哥，这下好了，哥哥还没止住哭，妹妹又哭上了。

妈妈给哥哥穿衣服，妹妹在一旁生闷气。妈妈给哥哥穿完后轮到妹妹，可妹妹妞妞就是不配合，故意把头扭到一边，把手蜷在胸前不让妈妈穿衣。妈妈好言相劝，小家伙就是不接受。妈妈一生气，就带着哥哥关上门出去了，把妹妹一个人留在家里。

妈妈虽然出去，但哪里敢走远？其实就是想吓唬妹妹而已。过了十分钟，听不到里面的动静，妈妈着急了，赶紧开门看，小妞妞居然把妈妈买回来还没来得及放进冰箱的一盒鸡蛋捏碎了！

嫉妒心强、争宠现象严重是容易出现在双胞胎身上的典型问题。家长尤其要注意给孩子们同等的爱，才能让他们感到妈妈没有偏心。我自己没有照顾双胞胎孩子的经历，但我所接触的不少有丰富育儿经验的双胞胎妈妈是这样说的：

◎协商“轮流抱”的规则

如果孩子争着都要妈妈抱，特别是一起出去玩的时候，都和两个孩子商量。比如，去的时候妈妈抱大的，爸爸抱小的；回来时相互交换。或者让两个孩子自己商量。如果商量之后始终无法达成共识，那就一个都不抱，要么推车或都走路出去，要么就不出门。绝大多数情况下，孩子都容易被“出去玩”所吸引，总是会想到办法成为出去玩的理由。

◎不要拿双胞胎相互比较

妈妈在照顾两个孩子的时候，虽然都是亲生骨肉，但听话的那一个总是会得到妈妈的特别关照，这是人之常情。但是，妈妈不能把这种心理偏向表现出来，更不要批评那个不听话的孩子：“你又把水杯弄翻了，看看你弟弟多听话！”“你怎么不听话呢？你看姐姐，我说穿什么她就穿什么，就你挑三拣四的！”妈妈是想把听话的那个孩子树立成榜样，让另一个孩子学习，但这样的表述反而会起反效果，另一个孩子不仅不会模仿改进，还

会认为是自己的同胞兄妹的原因让妈妈批评了自己而产生怨恨，容易使两个孩子出现心理隔阂。

◎把双胞胎分别当作独立的个体

不少妈妈会为双胞胎的孩子穿上一模一样的服装，买同样的玩具，但是，这样很可能不断强调他们的"共生性"而削弱了他们的"独特性"。双

胞胎并不是连体婴，他们是完全不同的两个可以独立生活的个体，有各自不同的生活轨迹。他们有的性格相似，而有的性格却截然相反。所以，家长要根据孩子的特点对孩子进行抚养。比如，在有条件的情况下，让孩子自己选择喜欢的物品；一个孩子犯错误了，一定不要连带批评另一个。要采取尊重的态度让两个孩子自己协调、商量，相互发挥优势。

◎父母分担育儿工作

从双胞胎出生的那天起，妈妈就不得不承担比以往更多的工作，要处理比独生子女妈妈双倍的家庭事务。妈妈几乎把所有精力都放在关注两个孩子吃喝拉撒的事情上，特别是一个孩子生病另一个也很容易跟着生病的情况下，妈妈被眼下的众多事情忙得晕头转向，已经没有多余的经历思考孩子独立发展这些问题了。由于精力有限，不少双胞胎父母会不自觉的，或者说是不得已地选择让孩子顺其自然地发展。所以，爸爸应当主动和妈妈一起承担照顾孩子的工作，除了减轻妈妈的压力之外，更要以男性的理性对两个孩子的未来进行规划，不仅能够保证双胞胎孩子的健康成长，还能更全面、更长远地考虑让孩子个性得到充分发展的等等问题。

在单亲家庭成长

由于各种各样的原因,单亲家庭的孩子越来越多,不少孩子往往在襁褓之中就被迫接受了父母分开的现实。在单亲家庭中,如何照顾好孩子,减少家庭变故对孩子造成的影响呢?

孩子特别善于察言观色,如果你没有调整好自己的心理状态,把自己因家庭变故而产生的坏心绪表现出来,孩子就会受到影响,感受到生活的异样,很容易在他幼小的心灵埋下不好的种子。如果你处于家庭变故期,不妨开诚布公地告诉大一点的孩子关于家庭变故的真相,让他知道,爸爸妈妈分开时大人的情感问题,和孩子没有关系。并且强调,虽然爸爸妈妈不在一起共同生活了,但还是好朋友,而且都很爱他。很重要的一点:你不能把自己对婚姻、异性持有的偏见灌输给孩子,那样会让孩子对人产生敌意和不信任感,同时也增加不安全感和被抛弃感,给孩子未来的生活留下沉重的阴影。

◎父母要尽快适应单亲生活

不少单亲爸爸或单亲妈妈独自照顾孩子之后就会手忙脚乱。妈妈独立带孩子生活,发生困惑时不可能随时随地跟爸爸商量,要更加坚强地独立面对和解决各种生活中的烦恼。而单亲爸爸粗线条的育儿方式往往和孩子的成长格格不入,此时更要多向身边有见解的长辈或朋友讨教一些方法,听取一些建议,从中获取适合的育儿经验。同时也可以利用业余时间多翻阅一些儿童教育与心理书籍,尽量让孩子的心理与身体一样保持健康发展。

◎让孩子多接触另一方,享受家庭的温暖

为了避免孩子感到爱的缺失,父母要积极创造条件让孩子多接触另一方亲人,增加孩子与对方的接触与交流的时间,感觉父母完整的爱。在这个问题上,不少父母为了孩子都做得很好,不时的聚会、偶尔的互赠礼

物，都会让孩子感到自己没有被父母遗忘。但是，有的父母离异之后在孩子面前相互“争宠”，今天你给孩子买了玩具，明天我就买更贵更新奇的玩具。这样带有争宠意味的攀比只会让孩子出现物质充裕而精神空虚的问题。所以，父母应当更加理智地对待孩子的教育，即使没有了夫妻之缘，但也是孩子的亲生父母，对孩子的将来都要负起责任。

◎更加关注孩子的言行及心理感受

即使父母时常走动，但对孩子来说，他会感到自己的生活和以前不一样了，尤其是看到其他小朋友和父母一起玩耍的场面时，更会刺激孩子的心。所以，单亲家庭的孩子会缺乏安全感，以前对妈妈或对爸爸的依恋已经成为记忆，他会觉得自己失去了靠山和可以信赖的亲人，他们往往比较敏感，许多小事都会使他产生微妙的心理变化。父母要比平时更加细致地关注孩子，加强亲子之间的交流和沟通。在平时的生活中要注意观察孩子的言行，帮助他处理好内心错综复杂的情感，努力减轻孩子的心理压力。

◎努力培养孩子的自信心

父母离异会给孩子造成影响，这是不言而喻的。孩子对父母的依恋也会随着家庭发生变化而出现变化。绝大多数孩子会在父母离异之后表现出各种各样的鲜明变化，比如对妈妈依恋程度较深、可最终由爸爸照顾的孩子，会表现出对爸爸的敌意，不听爸爸的安排，并且时常以发怒、流泪、哭闹等方式历数妈妈的种种好处，对可能成为自己新妈妈的女性特别敌视。还有的孩子和妈妈一起生活之后，总是旁敲侧击地促使妈妈回忆爸爸在家时的美好时光，对可能成为新爸爸的异性百般挑剔甚至恶作剧。当然，也有孩子对此漠不关心，以冷漠的态度对待父母的离异，以冷漠的表情对待爸爸或妈妈的对他的贴心照顾，以无言和沉默表达自己对父母的怨恨。

这些都是孩子在父母离异之后的种种变化，爸爸妈妈们要看到孩子的变化，积极重塑孩子对生活的信心和乐趣，创造机会让孩子享受成功的喜悦，让孩子有更多的成就感。孩子的信心增加了，他会在心态上变得成熟，在生活、行为上对父母的依赖性就会逐步降低，也会逐渐用理智的眼光看待家庭变故。